ORGULLO DE MADRE

MARÍA CALVO CHARRO

ORGULLO DE MADRE

EDICIONES RIALP
MADRID

© 2024 *by* MARÍA CALVO CHARRO
© 2024 *by* EDICIONES RIALP, S. A.,
Manuel Uribe 13-15 - 28033 Madrid
(www.rialp.com)

Preimpresión: www.produccioneditorial.com

ISBN (edición impresa): 978-84-321-6645-7
ISBN (edición digital): 978-84-321-6646-4
Depósito legal: M-33842-2023
Impreso en Service Point, S. A., Madrid

A las mujeres que, superando todas las adversidades, cambian el mundo: las madres.

A las mujeres que, sin tener hijos, tratan maternalmente a aquellos que les rodean y colaboran a humanizar la sociedad.

A nuestras madres y abuelas, las verdaderas feministas y revolucionarias, que lo dieron todo por amor, con todo mi respeto y agradecimiento.

A las mujeres heridas por la lacra del aborto; porque siempre se puede recomenzar y transformar las heridas en poesía.

A mi madre, maravillosamente imperfecta. A quien la maternidad no le impidió seguir preservando su faceta de esposa, amiga y mujer.

A Pablo, mi marido, por ayudarme a seguir siendo mujer además de madre.

A mis hijos —Pablo, Alejandra, María, Nicolás (desde el cielo) y Pedro— por haberme permitido experimentar la belleza de la maternidad y haber volado libres, con la seguridad de que harán de este mundo un lugar mejor.

ÍNDICE

PREFACIO

Este libro no está escrito desde la posición privilegiada de una mujer que ha sido madre "sin problemas". Sino, por el contrario, desde la experiencia de lo que es la maternidad en la vida real de una mujer ordinaria. Una madre repleta de defectos y carencias, con una familia sensatamente imperfecta, con conflictos, problemas e inseguridades. Con dificultades para integrar la vida familiar y laboral. Con dudas y fracasos. Perpleja ante el enigma indescifrable que son los hijos. Con errores y arrepentimientos. Con pérdidas imprevistas y dolorosas (como la de Nicolás en el cuarto mes de embarazo). Pero profundamente feliz. Porque la felicidad no es bienestar, como nos hace creer esta sociedad acomodada con miedo al fracaso y a la carencia, sino como dice el poeta Miguel D`Ors, «la felicidad es no ser feliz y que no te importe»; es abrazar lo que se tiene y ver en cada repetición diaria, lo nuevo, lo hermoso, lo sublime, el detalle divino.

INTRODUCCIÓN.
LA URGENCIA DE RECOBRAR
LA BELLEZA DE LA MATERNIDAD

SER MADRE NUNCA ha sido fácil. Los hijos casi siempre son inoportunos y llegan para desbaratar y poner patas arriba nuestra planificada vida personal y profesional y, por supuesto, tirar por la borda años de régimen y gimnasio. Convivir con una criatura dependiente hasta el extremo y que nos necesita tantísimo no es fácil, por mucho amor que se ponga en ello. Pero, en el supuesto de mujeres con dificultades económicas, la maternidad se convierte no ya en un asunto de prioridades, sino en una absoluta heroicidad. Lo que para una mujer con recursos es una aventura, para una mujer en los márgenes de la sociedad o con trabajos precarios, es un acto de valor y generosidad incalculable que puede llegar a poner en riesgo su equilibrio personal, por la carga emocional que implica la falta de estabilidad laboral y la angustia de no poder sacar adelante a la familia con un mínimo de calidad. Para estas mujeres la vida se convierte en una constante lucha contra las adversidades que puede provocar un serio deterioro de su salud física y mental; situación que se agudiza exponencialmente en aquellos casos en los que se encuentran solas[1].

Hoy, a todas las dificultades y sacrificios que implica ser madre, debemos añadir el absoluto desprestigio al que está sometida la maternidad en términos generales, así como la ausencia de medidas razonables para hacer posible la integración de la vida familiar y laboral. En el ámbito de los trabajos de alta cualificación no está bien visto frenar la vida profesional para traer hijos al mundo (especialmente si eres una mujer joven) lo que nos obliga a externalizar los cuidados, y para las mujeres de los sectores laborales más humildes e inestables, la maternidad puede suponer la pérdida del trabajo, lo que afecta directamente a su propia capacidad de supervivencia.

Asimismo, el individualismo que caracteriza la sociedad actual ha provocado que la maternidad sea admitida en tanto en cuanto el hijo haya sido "deseado" o buscado de propósito, cerrando la puerta a la contingencia en la procreación. En los países llamados desarrollados, un embarazo "no deseado" es la justificación suficiente para eliminar la dignidad del no nacido y, por lo tanto, su derecho a la vida. Estamos ante la sublimación de los deseos en detrimento de la razón, que

---

[1] Las madres solas en situación precaria que deciden sacar adelante un embarazo imprevisto según datos de REDMADRE constituyen el 60 % y son las protagonistas de los porcentajes de pobreza y exclusión social en España. Mapa de la maternidad 2022, Fundación REDMADRE.

cede radicalmente ante los sentimientos y emociones autorreferenciales.

La idea convertida en norma de que los deseos "reprimidos" son fuente de patologías, alienta un modelo antropológico para el que la felicidad consiste en la satisfacción de todos los impulsos[2]. En este universo de narcisismo colectivo, para satisfacer mis deseos, todo lo técnicamente posible se convierte en moralmente lícito, incluida la mercantilización de la vida humana por vientres de alquiler que transforman a la madre biológica en «máquina impersonal de reproducción de la especie»[3]; la consecución del hijo a través de una transacción económica; la renuncia al hijo que no se adapta a lo que yo había soñado o programado o que llega con alguna "tara" o defecto genético; o la orfandad de padre incluso antes de nacer, sustituyendo la genealogía por la tecnología. Como señala Habermas, nos encontramos ante prácticas hoy controvertidas como pioneras de una eugenesia liberal regulada sobre la base de la oferta y la demanda, en la que un tercero decide —después del oportuno examen genético— qué vida es digna de existir y cual no, según las preferencias narcisistas del consumidor. Se trata de una "intervención egocéntrica" sobre la vida de otro con "consecuencias existenciales". Resulta en este sentido urgente, que «lo que la ciencia hace técnicamente disponible, los controles morales lo hagan normativamente indisponible». La protección

---

[2] H. MARÍN, *El hombre y sus alrededores. Estudios de filosofía del hombre y de la cultura*, Ediciones Cristiandad, 2013, p. 79.

[3] M. RECALCATI, *Las manos de la madre. Deseo, fantasmas y herencia de lo materno*, ed. Anagrama, 2018, p. 39.

jurídica podría encontrar expresión en un «derecho a una herencia genética en la que no se haya intervenido artificialmente»[4].

La realidad también nos muestra que son muchas las mujeres, algunas en circunstancias profundamente traumáticas y en una soledad absoluta, las que, a pesar de las dificultades, deciden seguir adelante con un embarazo "no deseado". En estos casos, el miedo y la inseguridad ceden al amor y a la contingencia. Para estas mujeres valientes, la comprensión social y la ayuda por parte del poder público es prácticamente inexistente.

Sin embargo, la maternidad es también la experiencia más apasionante, excepcional y enriquecedora que se pueda llegar a vivir. Nada te prepara para ser madre, pero ser madre te prepara para todo. Y la sociedad debería ser capaz de valorar las virtudes y aptitudes que desarrolla una mujer cuando ha traído vida al mundo, todas ellas altamente útiles y beneficiosas para el ámbito laboral, profesional y social en general. Flexibilidad; imaginación; intuición; cooperación; expresividad emocional; empatía; paciencia; afectividad; consenso; pragmatismo; capacidad de improvisación; visión contextual; magnífica gestión del tiempo, son algunas de las habilidades sociales innatas de la mujer −casi todas acentuadas por la maternidad− que, según los estadistas, serán un valor en alza prácticamente en todos los sectores de la economía del siglo actual[5]. Un hijo es un

---

[4] Vid. al respecto, en general, J. HABERMAS, *El futuro de la naturaleza humana, ¿hacia una eugenesia liberal?*, Biblioteca del presente, 20, ed. Paidós, 2001.

[5] Sobre las habilidades desarrolladas por el cerebro de la mujer que ha sido madre, vid. K. ELLISON, Inteligencia maternal. Cómo la maternidad

regalo para la madre. Pero una madre es un regalo para la entera sociedad.

Sólo una sociedad enferma, que no está dispuesta a hacer frente a sus propios problemas y que es incapaz de concebir objetivos y retos a la altura de la capacidad de las mujeres, opta por ignorar la inmensa fuerza de las madres.

Décadas de feminismo antimaternal han logrado desfeminizar a la mujer y hacernos creer que los hijos son una carga, un estorbo, un obstáculo o un problema que debemos solucionar en soledad. Identifican "liberación" con eliminación de la maternidad («la tiranía de la procreación» en palabras de Beauvoir) y asumen que evitar traer hijos al mundo es intrínsecamente progresista. Tener hijos y cuidarlos con amor es una tarea que sencillamente no encaja en absoluto en los conceptos de desarrollo personal, autorrealización y libertad impuestos por la cultura actual; como si aceptar libremente una vinculación filial supusiera indefectiblemente caer en las redes de la opresión.

Esto ha provocado una ruptura interior de la mujer, la pérdida de su esencia y un peligroso desconocimiento de una misma; pues, lo desarrollemos en acto o no, y aunque ser madre no sea en ningún caso el fin ineluctable de la mujer, todas estamos diseñadas por la naturaleza para la sublime y privilegiada misión de traer vida al mundo. Tenemos una «huella psicológico materna ineludible»[6], un potencial procreador que no

nos hace más inteligentes, ed. Destino, 2006. L. BRIZENDINE, *El cerebro femenino*, Capítulo cinco: "El cerebro de mamá", ed. RBA, 2006.

[6] Vid. al respecto, M. CERIOTTI, *Erótica y materna*, ed. Rialp, 2021.

podemos ignorar sin que nos pase factura y nos provoque una fragmentación interior que nos impide ser nosotras mismas, ser felices.

España es uno de los países más ancianos de la Unión Europea. Muere de vieja sin un relevo generacional[7]. Es urgente y necesario dar un impulso a la natalidad. Pero no de cualquier forma y a cualquier precio. No se trata de tener niños "en serie", como en una cadena de producción para salvar la situación cuantitativamente. Es preciso que vuelvan a nacer niños en los países desarrollados, pero que nazcan de la única forma en la que el ser humano es realmente libre y adquiere dignidad: con un comienzo indisponible, sin la intervención de la técnica, como un resultado inesperado del azar de la relación sexual amorosa de sus padres. Expresión carnal de la tensión creativa de una pareja que se ama[8]. Niños "no deseados", pero profundamente amados. Niños no buscados, sino acogidos. Niños no creados para llenar mis vacíos existenciales, sino para volar libres sin tener un fin prefijado por sus progenitores.

---

[7] Recientemente el INE (Instituto Nacional de Estadística) hacía públicas las tendencias de natalidad y mortalidad en el primer semestre de este año. Observamos menos de 160 000 niños en España, lo que supone una diferencia de 1000 con el año anterior. Además, 2022 es el octavo año consecutivo con los nacimientos en descenso en los primeros seis meses del año. La cifra de este año supone 45 000 bebés nacidos menos que en 2015, el último año en que se recogieron datos de natalidad en ascenso. 2022 es también el año con menos nacimientos desde 1941. Estamos ante una situación, cuanto menos, alarmante. España cuenta con una de las tasas de fecundidad más bajas a nivel mundial. Tan solo nacen 1,28 bebés por mujer de media. Cifra muy lejana a la tasa de reemplazo, situada en 2,1 hijos por mujer, con lo que obtendríamos la renovación poblacional.

[8] M. CERIOTTI, *Perfectos imperfectos*, ed. Rialp, 2023, p. 21.

Pero para ello, será preciso, en primer lugar, recobrar la capacidad de enamorarnos, de comprometernos para toda la vida, de formar una familia, imperfecta y maravillosa, capaz de dar a los hijos raíces y sentido de pertenencia. Será necesario asumir que lo que perdemos en perfección y en ganancias económicas en el ámbito laboral, lo ganamos en verdad de vida, satisfacción y paz personal.

Habrá que defender que sacrificarnos por los demás, cuidar a los que nos rodean, pensar en los otros antes que en uno mismo, ser imperfecto y no llegar a todo, luchar por ideales y objetivos, ir contracorriente, carecer de cosas materiales, dar prioridad a la vida personal frente a la profesional, enfrentarse a situaciones imprevistas e inesperadas, pasar desvelos y angustias, no tener tiempo para uno mismo, tener conflictos con los hijos y saber ponerlos en su lugar, que los platos vuelen en el hogar y saber pedir perdón y recomenzar, son cosas buenas, por las que merece la pena luchar y vivir y que, en último término, son manifestaciones de amor que nos generan felicidad, por paradójico que pudiera parecer. Como nos enseñaba Sócrates, cuando no cuidamos de las cosas que realmente importan, nuestra existencia sufre, ya que nuestro valor depende inexorablemente de las cosas que cuidamos.

Ha llegado el momento de volver a defender lo humano y, en consecuencia, aprender de nuevo a amar. «Quien intenta desentenderse del amor se dispone a desentenderse del hombre en cuanto hombre»[9]. Y, como decía Chesterton, luchar por prodigios visibles,

---

[9] BENEDICTO XVI, *Deus caritas est* (n. 28 b).

como si fueran invisibles. Lo que implicará un especial esfuerzo por olvidarnos de nosotros mismos, pues en las últimas décadas nos hemos ensimismado, hemos sublimado los deseos hedonistas y hemos desechado toda relación que pueda ocasionar molestia, pérdida de tiempo para uno mismo o freno a mis proyectos personales y profesionales.

En un marco narcisista y autorreferencial, la relación materno-filial no tiene cabida. La autorreferencialidad sólo conduce a la insignificancia. Cuanto más quiero ser sin el otro, cuanto más quiero ser el fundamento de mí mismo, más me pierdo y me precipito en la desesperación[10].

Una sociedad como la actual, reacia a cooperar, al afecto materno y al autosacrificio por los descendientes es, como señala Scruton, disfuncional y, por ello, llamada a desaparecer[11]. El cambio de paradigma resulta urgente y no podrá realizarse "a golpe de ley", sino con un cambio de actitud individual y social ante la maternidad. Sin embargo, el rumbo actual se antoja difícil de rectificar en un corto plazo (han sido demasiados los años de influencia negativa del feminismo radicalizado con la desculturización de la maternidad que ha implicado) y deberá venir, en cualquier caso, de la mano de las propias mujeres, motor de generación del cambio social. Viviendo una maternidad propia, digna y transformadora, asumiendo su naturaleza y tomando las riendas de su destino de forma libre de toda presión ambiental, de los cánones de belleza y éxito establecidos, de las dificultades del ámbito

---

[10] F. HADJADJ, *¿Por qué dar la vida a un mortal? Y otras lecciones*, ed. Rialp, 2020, pp. 198-199.

[11] R. SCRUTON, *Sobre la naturaleza humana*, ed. Rialp, 2018, p. 25.

laboral y profesional, libres de las insolentes pretensiones de aquellos que quieren rediseñarnos andróginos (lo que llevará al colapso del ecosistema humano) o de los que pretenden rescatarnos de la feminidad y la maternidad como si fueran tóxicas y nos hicieran débiles e inferiores al hombre.

Pero esta misión se torna casi imposible si la mujer está sola. La soledad es nuestro gran enemigo hoy en día y, por desgracia, es una de las características prácticamente inherente a la maternidad en la actualidad[12]. *Soledad afectiva*, por falta de comprensión generalizada hacia la maternidad. *Soledad normativa*, por falta de leyes que la amparen, favorezcan y apoyen. *Soledad ética*, por la pérdida de valor social y autoridad moral de las madres. *Soledad espiritual*, por la ausencia de visión trascendente de la vida. *Soledad humana*, por la carencia de una familia, en cuya intimidad sentirse aceptado tal y como uno es, con todos los defectos, carencias y debilidades; una familia que nos dé sentido de pertenencia, una identidad estabilizante, dignidad, raíces y alas.

La maternidad, sean cuales sean las dificultades y circunstancias, implica para la mujer una dación de sí misma inmensa, pues consiste en la donación del propio cuerpo por amor para que sea habitado por una alteridad que nos trasciende, llamada a ser autónoma y tener su propia vida. Saber dar raíces al hijo, para que pueda volar en libertad cuando llegue el momento, es la misión de mayor impacto y responsabilidad que puede experimentar una mujer. En esta tarea, la familia constituye un

---

[12] No es casual que el lema de REDMADRE sea precisamente *"Nunca estarás sola"*.

elemento imprescindible. Una familia siempre imperfecta, pero en la que es más sencillo enfrentar la adversidad y en la que encontraremos el norte, la roca, el puerto, el campamento base en el que descansar y recuperar esa fuerza que solo el amor sincero puede darnos, sean cuales sean las dificultades de la vida.

Para recomponer la familia necesitamos al mismo tiempo devolver al hombre, al varón, al padre, al lugar y la importancia que realmente le corresponden. Si el padre, desde la intimidad del amor, pero con autoridad, mezclando fortaleza y ternura, se implica a fondo, y la mujer recupera la confianza en él y le permite entrar en plenitud en el hogar e involucrase en la crianza de los hijos "a su manera", aquella se sentirá profundamente liberada y los hijos se beneficiarán del estilo educativo masculino paternal que complementa y equilibra el estilo femenino maternal.

Necesitamos una sociedad orgullosa de sus madres. Que con medidas imaginativas les permita seguir integradas en el mundo laboral y profesional, sin angustias y ansiedad permanente; que haga posible ser madre y profesional o trabajadora sin que ello implique cronificar el agotamiento[13]. Que valore su generosidad, esfuerzo y sacrificio, pero que sea al mismo tiempo capaz

---

[13] Según un informe de la asociación "Yo no renuncio" de 2022, el 65 % de las mujeres tiene menos de una hora libre al día y el 20 % declara no tener tiempo para sí mismas. Por otra parte, el 64 % de las mujeres declara llegar cansada prácticamente cada día a su trabajo por las responsabilidades doméstico-familiares. El 73 % de las mujeres declara sentirse agotada prácticamente a diario por la carga mental de las tareas doméstico-familiares. https://media.yonorenuncio.com/app/uploads/2022/03/21220120/El-coste-de-la-conciliacion-2022.pdf

de transmitir la belleza de la maternidad y su inmenso valor; dando a las mujeres que han sido madres todo el apoyo, comprensión, reconocimiento y valoración que merecen, porque el aporte social que hacen estas mujeres valientes y aventureras tiene un valor absolutamente incalculable.

Pero también, en general, debemos ser capaces de devolver la ternura a este mundo deshumanizado, brindar atención a lo pequeño, débil y en apariencia insignificante, volver a maravillarnos por lo extraordinario de lo ordinario, extasiarnos con la normalidad, ser heroicos ante el cumplimiento de los deberes más simples, seguir siendo humanos —con ayuda de lo sobrenatural—, ser capaces de ver la poesía en las repeticiones del día a día, defender una ecología integral, participar de la inmensa belleza de todo lo aparentemente nimio del mundo y estar dispuestos a brindar una mirada maternal hacia cualquier individuo que necesite cuidados o atención.

Necesitamos "maternizar" esta sociedad tan erosionada. Este cambio solo puede venir originado por las mujeres. Pero para ello es imprescindible que adquieran una conciencia no culposa de su naturaleza «que irradia maternidad»[14], y que generosamente vuelvan a amar la vida y a amarse a sí mismas. La fuerza moral de una mujer que ama posee una enorme energía sanadora, así como una belleza y una potencia inconmensurables, capaces de rehumanizar el mundo; devolverle la dignidad de lo misterioso, lo bello, lo sublime.

---

[14] A. Von Hildebrand, *El privilegio de ser mujer*, ed. Eunsa, p. 126.

1.
FEMINISMO Y MATERNIDAD.
UNA RELACIÓN INCÓMODA

EL FEMINISMO NUNCA SE ha encargado de la maternidad. Esta es una realidad dolorosa para todas aquellas que confiaron en los movimientos de reivindicación de los derechos de la mujer y que, al ser madres, se encontraron de bruces frente a las fallas del sistema; ignoradas, invisibles, marginadas. La relación de la maternidad con el feminismo ha sido, por lo general, de enfrentamiento y negación.

Los movimientos feministas, a partir de la década de los sesenta y hasta la actualidad, han sido sin duda los más dañinos para la maternidad, pues supusieron un ataque directo, una identificación de la misma con la opresión, humillación y sometimiento de la mujer; un modo de control, orquestado por el patriarcado para someter a las mujeres.

A partir de la revolución del 68, el objetivo prioritario del feminismo fue romper con el pasado de forma radical, acabar con el orden establecido, invertir la jerarquía generacional, familiar e interpersonal, eliminar toda forma de autoridad y, sobre todo, imponer el igualitarismo en todos los ámbitos de la vida, también en el sexual. Esta revolución implicó una mutación antropológica: mutación de la escala de valores; de las relaciones paterno-filiales; de la maternidad hacia la autocomplacencia y de la paternidad hacia la invisibilidad; una mutación de la feminidad y masculinidad hacia la neutralidad y la pérdida de identidad. Una «revuelta metafísica que condujo a la inversión de la jerarquía de los valores»[1], así como de las ubicaciones y prerrogativas de ambos padres.

En este movimiento resultó de una especial trascendencia la innegable influencia ejercida por diversas teorías marxistas y estructuralistas, como las proporcionadas por Friedrich Engels, quien predijo la unión de feminismo y marxismo y, en cuyo libro, *El Origen de la Familia, Propiedad y el Estado* (1884) señalaba: «El primer antagonismo de clases de la historia coincide con el desarrollo del antagonismo entre el hombre y la mujer unidos en matrimonio monógamo, y la primera opresión de una clase por otra, con la del sexo femenino por el masculino».

En sus orígenes, la dirección ideológica de este movimiento debemos atribuirla básicamente a Simone de Beauvoir, quien lanzó su manifiesto radical y de orientación marxista, *El segundo sexo* (1949), con una enorme difusión en la sociedad del momento y, más tarde, en los movimientos feministas de los años

---

[1] A. VON HILDEBRAND, *El privilegio de ser mujer*, ed. Eunsa, 2022, p. 47.

setenta profundamente emparentados con la "liberación sexual". En él mantenía de forma radical, que la mujer (y, en consecuencia, el varón) «no nace, sino que se hace»; idea que constituye un adelanto de lo que sería posteriormente el denominado feminismo de "género". Esta obra pionera se enfocó en el estatus de las mujeres en la economía y denunció como tortura el trabajo de estas en casa, pues, de esta manera, la mujer quedaba excluida de la producción. Beauvoir, consideraba que la influencia de la sociedad, la cultura y la crianza eran las únicas responsables de las elecciones de las mujeres a favor de la maternidad y la familia. Por ello, caracterizó el estilo de vida del ama de casa como la «reliquia de formas de vida muertas» y la maternidad como la «tiranía de la procreación». Y afirmaba: «Ninguna mujer debe ser autorizada a quedarse en casa para criar a sus hijos. Las mujeres no deberían tener esa opción, precisamente porque si hay tal opción muchas mujeres la tomarán. Es una forma de forzar a las mujeres en cierta dirección. Mientras la familia y el mito de la maternidad y el instinto materno no sean destruidos, las mujeres seguirán siendo oprimidas»[2].

Obtenida cierta igualdad en el ámbito público, el feminismo demandó la igualdad asimismo en el ámbito íntimo, reproductivo y biológico; pretendiendo, en palabras de Burggraf, una «igualdad funcional de los sexos»[3]. De forma inadvertida, al pretender igualarse con los varones, paradójicamente, de forma

---

[2] S. de BEAUVOIR, *Sex, society, and the Female Dilemma* (un diálogo entre Friedan y de Beauvoir) en *Saturday Review*, 14 de junio de 1975, p. 18.
[3] J. BURGGRAF, *Varón y mujer: ¿Naturaleza o cultura?* 2008.

inconsciente, las mujeres asumieron que la condición del sexo masculino era la ideal.

La emancipación de la mujer suponía independizarse del hombre, negarle su papel de compañero y complemento, rebelarse contra todo lo masculino, huir de su colaboración, considerarle prescindible, perturbador, perjudicial, un estorbo para la independencia femenina[4]. Como si ser feminista y amar a los hombres con todas sus cualidades masculinas resultase incompatible. Así comenzó un camino hacia la soledad femenina que hoy está mostrando su cara más perversa con un aumento exponencial de los hijos huérfanos de padre, en muchas ocasiones por voluntad expresa de la mujer[5].

---

[4] Sobre las consecuencias de la revolución sexual de los años 60 para el varón, vid. mis libros: *Masculinidad robada*, ed. Almuzara (2011), *Padres destronados*, ed. Toro Mítico (2014) y *Paternidad robada*, ed. Almuzara (2021).

[5] Esta no fue, sin embargo, la postura de todas las feministas. Betty FRIEDAN, defendía los beneficios de involucrar a los hombres en la vida de la mujer. Esto la llevó a la divergencia directa incluso con Kate Millet (autora de *La Política sexual*) y sus seguidoras, consideradas por Friedan demasiado radicales por su «odio hacia los hombres e incluso violencia (…) su resentimiento estaba siendo manipulado y convertido en una orgía de odio entre los sexos que podía minar el poder que ahora tenían para cambiar las condiciones que tanto les molestaban. No estoy segura de lo que motiva a quienes promulgan ferozmente, o manipulan, el odio de los hombres en el movimiento de mujeres (…) la retórica de la lucha de sexos/lucha de clases según mi punto de vista se basa en una falsa analogía con ideologías obsoletas e irrelevantes sobre la lucha de clases o la segregación de las razas (…). Pero esa retórica del odio hacia los hombres perturba cada vez a más mujeres en el movimiento, además de mantener a muchas mujeres fuera de él (…). También caminaron con nosotras cientos de hombres (…). ¿Quién sabe qué posibilidades ofrecerá el amor cuando hombres y mujeres compartan no solamente sus hijos, el hogar y el jardín, sino las responsabilidades y las pasiones del trabajo que crean el futuro humano y

Asimismo, implicó la consideración de la maternidad como un modo de esclavitud, que nos subyuga, nos ata al hombre y no nos permite desarrollarnos plenamente. Y el embarazo como una patología a evitar a toda costa y que se cura con el aborto, entendido este como un derecho de la mujer.

En ese sentido, Firestone afirmaba: «...la eliminación de las clases sexuales requiere que la clase subyugada (las mujeres) se alce en revolución y se apodere del control de la reproducción; se restaure a la mujer la propiedad sobre sus propios cuerpos, como también el control femenino de la fertilidad humana, incluyendo tanto las nuevas tecnologías como todas las instituciones sociales de nacimiento y cuidado de niños»[6].

La anticoncepción y el aborto serían la solución. Pero al mismo tiempo significó el comienzo de la corrupción del feminismo, pues el aborto es violencia y

---

el conocimiento humano pleno de quiénes son? (...) nunca me lo plantee en términos de clase o de raza: las mujeres como clase oprimida, luchando por derrocar a los hombres, como clase de los opresores, o para quitarles el poder. Sabía que el movimiento tenía que incluir a los hombres como miembros en pie de igualdad (...). Y las tareas domésticas y la crianza de los hijos tendrían que ser compartidas de una forma más igualitaria por el marido, la esposa y la sociedad (...). No podía definir la liberación de las mujeres en términos que negara la realidad sexual y humana de nuestra sociedad de amar a un hombre, e incluso a veces de depender de él (...) lo que había que cambiar eran los obsoletos roles sexuales (...). Tenía la sensación de que los hombres no eran realmente el enemigo −eran víctimas como nosotras, padecían una mística de la masculinidad anticuada que les hacía sentirse innecesariamente incompetentes cuando no había osos que matar». B. FRIEDAN, *La mística de la feminidad*, novena edición, Ediciones Cátedra, 2020, pp. 448-456.

   [6] S. FIRESTONE, *La dialéctica del sexo: en defensa de la revolución feminista*, 1970.

maltrato contra la mujer, con implicaciones sociales prácticamente irreversibles, y supone una fractura profunda e insalvable en el corazón de la feminidad que daña en su esencia a la mujer que, por naturaleza, está orientada de manera especial hacia la vida[7].

El neofeminismo derivado de la "revolución sexual" se resumía en la reivindicación «mi cuerpo es mío». La mujer, al apropiarse de su cuerpo, del embrión, del hijo, pretendía apropiarse también de la parentalidad, marginando o negando al padre. Las feministas radicales insisten en presentar la maternidad como un instrumento de opresión utilizado por los hombres para tener a las mujeres recluidas en casa y apartadas del ámbito público, sometidas a los grilletes de la servidumbre del hogar. Lo que perpetúa la desigualdad y las "clases de sexo", origen de todos los males de las mujeres.

La maternidad se considera el principal elemento perturbador para la realización plena de las mujeres. Para eliminar las clases sexuales es necesario que la mujer se rebele y se adueñe del control de la reproducción y de la fertilidad humana en general. Ya no hay procreación, fruto del amor entre un hombre y una mujer, sino «reproducción biológica». El sexo debe quedar absolutamente disociado de la maternidad y la fecundidad, así como del compromiso y el amor.

En palabras de Alison Jaggar: «La igualdad feminista radical significa, no simplemente igualdad bajo la ley y ni

---

[7] Mucho antes de ser asumido por el discurso feminista, fueron el materialismo, el ateísmo, el maltusianismo y después el eugenismo, los promotores del aborto. G. PUPPINCK, *Mi deseo es la ley. Los derechos del hombre sin naturaleza*, ed. Sallux, 2020, p. 140.

siquiera igual satisfacción de necesidades básicas, sino más bien que las mujeres –al igual que los hombres– no tengan que dar a luz... La destrucción de la familia biológica permitirá la emergencia de mujeres y hombres nuevos, diferentes de cuantos han existido anteriormente»[8].

Los denominados «derechos reproductivos» implican que la mujer debe tener el control pleno de su fertilidad. La autoafirmación de los deseos narcisistas pasa a ser la expresión de la auténtica libertad. Con los medios anticonceptivos y el aborto, la mujer adquirió un sentimiento de propiedad absoluta sobre los hijos.

Anclado en el lema de los sesenta «nosotras parimos, nosotras decidimos», los ideólogos instrumentalizan el aborto, haciéndolo figurar como una forma de liberar a la mujer de la esclavitud machista y patriarcal de la maternidad.

La mujer afirmaría así su autonomía plena sobre la procreación, pero también sobre su pareja. La paternidad dependerá entonces asimismo de la voluntad de la mujer. Todo ello rodeado de un clima higiénico-sanitario, dentro de la denominada "salud reproductiva"; lenguaje performativo utilizado con el fin de hacer parecer razonables sus presupuestos. Con la renuncia voluntaria e intransigente a la maternidad la mujer se desubica respecto de sí misma y entra en una profunda crisis de identidad que la conduce al desconcierto e infelicidad.

Comienza en este momento histórico una nueva etapa del movimiento feminista en la que se exige la eliminación del tradicional reparto de papeles entre varón y

---

[8] A. JAGGAR, *Relaxing the Limits on Preferential Treatment, Social Theory and Practice* 4 (2): 227-235 (1977), p. 13.

mujer, para lo cual es imprescindible rechazar la maternidad, el matrimonio y la familia. En este marco, las responsabilidades de la mujer en la familia son supuestamente enemigas de su realización personal. El entorno privado se considera como secundario y menos importante; la familia y el trabajo del hogar como «carga» que afecta negativamente a los proyectos profesionales y personales de la mujer. La meta no es representar auténticamente la vida de la mujer, sino una estereotipificación inversa según la cual las mujeres que den una importancia relevante y prioritaria en su vida a ser esposas y madres nunca aparezcan bajo un prisma favorable.

Desde que el movimiento feminista comenzara a desnortarse y a exigir la igualdad radical al hombre en el ámbito reproductivo y biológico, con la anticoncepción rutinizada y el aborto asumido como derecho fundamental, la mujer ha ganado en derechos y ha perdido en identidad. Ha triunfado en lo público y se ha desestabilizado en lo privado. Está más empoderada que nunca, pero se considera una víctima. Realizada en lo profesional, experimenta una gran soledad en lo personal. Se ha liberado sexualmente, pero se siente vulnerable —existe una relación de causalidad directa entre la trivialización del sexo y los abusos sexuales a mujeres—. Ha perdido el rubor, pero exige respeto[9]. Todo le está permitido y, sin embargo, no encuentra satisfacción. Está bien formada intelectualmente, pero no se conoce a sí misma. Ha llegado a

---

[9] Como señala Wendy Shalit, cuando a los chicos se les educa para que piensen que las chicas buscan sexualmente lo mismo que ellos, y que es malo y sexista pensar de otra forma, entonces es mucho más probable que sean impacientes y poco comprensivos con el "no" de una mujer. W. SHALIT, *Retorno al pudor*, ed. Rialp, 2012, p. 78.

ser independiente, pero no es libre, pues se halla someti-da a nuevas esclavitudes, algunas mucho más perversas y obscenas que las de siglos pasados. Vivimos, como señala Han, una fase histórica peculiar, en la que la propia liber-tad engendra coerciones[10].

Durante las siguientes décadas, la sociedad ha ido per-diendo sus dimensiones universales y sus fundamentos antropológicos y las tendencias descritas han permeado las leyes y han contribuido a organizar la sociedad sobre la confusión y la inmadurez. Las mujeres han logrado una igualdad, al menos formal, al precio de masculinizarse, perder su feminidad, y renunciar a la maternidad. Y los hombres se avergüenzan de una masculinidad que hoy es despreciada por una sociedad que prefiere los modelos femeninos de conducta y comportamiento.

Las consecuencias de un feminismo antimaternal las estamos viviendo a diario, son absolutamente devasta-doras y constituyen el origen de algunos de los fenó-menos actuales que nos resultan más desconcertantes, como la manipulación genética del embrión, la ruptura de los lazos familiares, la desaparición de los dualismos o diferencias que nos servían de referentes (sexuales, ge-neracionales, sociales...) o la expansión de las prácticas abortivas de forma indiscriminada. Ignorando, como afirma Scruton, que la realidad de nuestra naturaleza es que somos "criaturas constructoras de hogar", que coo-peran en busca de valores intrínsecos[11]; lo cual no está reñido con nuestro desarrollo personal y profesional.

---

[10] B-CHUL HAN, *La sociedad del cansancio*, ed. Herder, 2023, p. 108.
[11] R. SCRUTON, *Cómo ser conservador*, ed. Homo Legens, 2020, p. 192.

2.
EL EFECTO PENDULAR EN LA MATERNIDAD. DE LA MUJER "SOLO MADRE" A LA MUJER "NO MADRE". LA MÍSTICA DE LA FEMINIDAD

LA RELACIÓN DE LA MUJER con la maternidad no ha seguido en absoluto un curso lineal en las últimas décadas. Antes, al contrario, hemos pasado de un extremo al otro sin lograr adquirir el deseado equilibrio entre disfrutar de ser madre y tener una vida personal y laboral plena. Esto no ha sido producto del azar, sino el resultado de un largo proceso histórico que se inició hace ya varias décadas y que se ha radicalizado en los últimos años.

Siempre ha existido, fomentado por el poder público, los medios e incluso el mercado, una "mística de la feminidad"[1], un arquetipo, un modelo imperante im-

---

[1] B. FRIEDAN, *La mística de la feminidad*, novena edición, Ediciones Cátedra, 2020.

Betty Naomi Goldstein, conocida como Betty Friedan (Peoria, Illinois; 4 de febrero de 1921-Washington D. C. 4 de febrero de 2006) considerada la madre del feminismo moderno, escribió *La mística de la feminidad*,

puesto, que la mujer debe tomar como referente absoluto para existir socialmente. Un patrón, un molde, con unas características determinadas al que la mujer debe ajustarse para ser considerada mujer de éxito. Un dogma incuestionable al que es preciso adherirse, so pena de perder todo valor social. Un lecho de Procusto[2].

Antes de los movimientos feministas de la década de los sesenta, ese patrón consistía, en términos generales, en ser una madre "perfecta", plenamente dedicada a los hijos y el hogar, que abnegadamente renunciaba, por completo y de por vida, a su desarrollo profesional e incluso personal, a pesar, en muchos casos, de tener estudios universitarios. Solo la figura de la madre podía sancionar una versión socialmente aceptable, benéfica,

---

un libro clave en la historia del pensamiento feminista y considerado como uno de los libros de no ficción más influyentes del siglo XX por el que fue galardonada con el premio *Pulitzer*.

Publicado por WW Norton & Company, había vendido más de tres millones de copias en 2000.

[2] Procusto era el apodo del mítico posadero de Eleusis, aquella famosa ciudad de la antigua Grecia donde se celebraban los ritos misteriosos de las diosas Deméter y Perséfone. Era hijo de Poseidón, el dios de los mares, y por eso su estatura era gigantesca y su fuerza descomunal. Su verdadero nombre era Damastes, pero le apodaban Procusto, que significa "el estirador", por su peculiar sistema de hacer amable la estancia a los huéspedes de su posada. Procusto les obligaba a acostarse en una cama de hierro, y a quien no se ajustaba a ella, porque su estatura era mayor que el lecho, le serraba los pies que sobresalían de la cama; y si el desdichado era de estatura más corta, entonces le estiraba las piernas hasta que se ajustaran exactamente al fatídico catre. Según algunas versiones de la leyenda, la cama estaba dotada de un mecanismo móvil por el que se alargaba o acortaba según el deseo del verdugo, con lo que nadie podía ajustarse exactamente a ella y, por tanto, todo el que caía en sus manos era sometido a la mutilación o el descoyuntamiento. Vid. al respecto. A. AGUILÓ, *El lecho de Procusto*, Fluvium.

positiva, saludable, generativa de la feminidad[3]. Una mujer "devorada" por la vida del hogar, sin proyectos propios o expectativas de futuro fuera del estricto ámbito familiar.

Con el feminismo radicalizado actual, el paradigma cambió radicalmente, y nos ha llevado en nuestros días, de una forma sutilmente persuasiva, a considerar la mujer digna de ser emulada, como aquella que renuncia radicalmente a la maternidad a favor de un desarrollo profesional exhaustivo y que dedica todo su tiempo a la satisfacción de sus deseos personales. Una mujer "devorada" por la vida profesional y una imagen narcisista de sí misma que la lleva a considerar la familia un entorno excesivamente esclerotizante y que interpreta cualquier tipo de dependencia en términos de sumisión.

Así, las mujeres pasamos de la necesidad de tener que justificar ante la sociedad por qué no queríamos tener hijos, a tener que justificar actualmente por qué queremos tenerlos.

Ceriotti, psicoanalista, explica cómo el inconsciente de la mujer consta de dos partes esenciales, distintas pero complementarias. Una parte erótica: el amor por mí misma, mi vida personal, como mujer, esposa, profesional, amiga...[4]. Y la parte materna, una huella psicológica imborrable que impregna cada una de las células de nuestro cuerpo y que, seamos madres materialmente o

---

[3] M. RECALCATI, *Las manos de la madre. Deseo, fantasmas y herencia de lo materno*, ed. Anagrama, 2018, p. 12.

[4] Aquí el término "erótica" no es utilizado en el sentido actual que con frecuencia designa formas de exacerbación del deseo sexual, sino en su sentido etimológico procedente del griego *"eros"* cuyo significado es "amor".

no, influye y repercute en nuestra forma de vivir, actuar, sentir y amar. Del equilibrio entre ambas partes dependerá nuestra felicidad y armonía personal. Lo erótico y lo maternal, el amor de sí y el amor al otro, son dos componentes inescindibles de la condición femenina, y es necesario que ambos encuentren su espacio adecuado en la vida de la mujer; ambos componentes deben encontrar un equilibrio y una integración mutuas[5].

Antes de los movimientos feministas de la década de los sesenta, la parte materna tendía a devorar la parte erótica de la mujer. A partir de entonces, sin embargo, se produce un cambio radical de paradigma y la parte erótica adquiere un protagonismo total y absoluto, derrocando a la parte materna, dejándola reducida a la nada.

Los medios de difusión, de las décadas previas a la revolución sexual, colaboraron a extender la mística de la feminidad de la "madre perfecta", exponiendo a las mujeres dedicadas a la vida intelectual o profesional, como masculinas, agresivas, infelices, fracasadas y relegadas a los márgenes de la sociedad; mientras que figuraban a las amas de casa como mujeres hermosas y felices, llenas de vida y alegría.

Ahora sucede exactamente lo contrario. Por lo general, los medios muestran a la mujer dedicada a la familia, que ama a su marido y sacrifica muchos de sus sueños personales y profesionales por sus hijos, como débil, dependiente e infeliz; una víctima del patriarcado machista.

---

[5] M. CERIOTTI, *Erótica y materna. Viaje al universo femenino*, ed. Rialp, 2019, p. 13.

En los países occidentales, en pleno crecimiento económico tras la II Guerra Mundial, el sector empresarial e industrial en general aprovechó para acelerar y ampliar el consumismo destinado a las mujeres que eran amas de casa. La última lavadora, batidora o cafetera, era una condición imprescindible para ser la mejor esposa y madre y llenaría sus días de sentido. A las empresas, antes dedicadas a la industria armamentística, les interesaba ahora reconvertirse a la venta de electrodomésticos, cuyas consumidoras eran principalmente este perfil de mujeres dedicadas en cuerpo y alma al hogar. En palabras de Friedan: «El asunto que de verdad interesa es el negocio. Pero perpetuar la condición del ama de casa, el crecimiento de la mística de la feminidad, tiene sentido (e interés) si pensamos que las mujeres son las principales clientas de los negocios (…) Y ello se logra manipulando las emociones de las mujeres en beneficio de las necesidades de las empresas (…) existían fuertes fuerzas comerciales que alimentaban la mística de la feminidad para que las mujeres se convirtieran en grandes consumidoras»[6].

En la actualidad, el negocio de la infertilidad/fertilidad, movido por una vil preocupación mercantil, se beneficia de la mística autorreferencial de las mujeres; principales consumidoras, bien de productos que evitan ser madre de un hijo "no deseado" que pueda suponer un escollo u obstáculo a su plena realización personal y profesional, o bien de técnicas que garantizan la realización material del deseo narcisista de maternidad

---

[6] B. FRIEDAN, *La mística de la feminidad*, capítulo 9, *El camelo sexual*, novena edición, Ediciones Cátedra, 2020, pp. 261-287.

programado a cambio de un precio. En ambos casos, se producen ingentes beneficios económicos para los sectores implicados en la industria de la anticoncepción, el aborto o las técnicas de reproducción asistida[7]. El enorme desfase existente actualmente entre el reloj biológico y el social, hace de las mujeres que ya no tienen capacidad generativa un objetivo fácil para la mercantilización del deseo de una maternidad que a partir de cierta edad es sumamente difícil de alcanzar[8]. La investigación biogenética hace tiempo que se alió con los intereses de los inversores para satisfacer las preferencias personales de los participantes en el mercado de diseño y compraventa de vida humana.

LA MUJER "SOLO MADRE". CUANDO LA PARTE MATERNA DEVORA A LA ERÓTICA

En los años cincuenta, gracias a la lucha de sus predecesoras, en los países desarrollados, las mujeres habían obtenido importantes avances en el disfrute de los derechos civiles, como el derecho al voto y la posibilidad de realizar estudios en la Universidad. Sin embargo, muchas de estas mujeres abandonaban trabajo y estudios al casarse y ser madres[9]; en palabras de Friedan:

---

[7] El precio del proceso para tener un hijo por técnicas de reproducción asistida oscila entre los veinte mil y los cincuenta mil euros.

[8] Según la Sociedad Española de Fertilidad, a partir de los 40 años las posibilidades de quedarse embarazada por medio de técnicas de reproducción asistida son solamente de un 4 %.

[9] Es importante tener presente que en los países afectados por la II Guerra Mundial, mientras los varones estaban en el frente, fueron las mujeres

«A través de un compromiso con el hogar y la familia que lo abarcaba todo»[10].

La generosidad de estas mujeres era encomiable, pero también es cierto que muchas asumieron la maternidad como una forma de vida, la razón de su existencia, abandonando cualquier otra aspiración y sin inquietudes personales proyectadas al futuro[11]. Algo que a algunas mujeres les ocasionaba desazón, tristeza, insatisfacción creciente y sensación de vacío interior. «Un malestar que no tenía nombre, causado por la

---

las que tuvieron que ocupar sus puestos laborales, muchas veces con esfuerzos heroicos al tener que compatibilizar las obligaciones propias del hogar con el trabajo fuera de casa. La segunda gran guerra fue un acontecimiento crucial para dar a la mujer el rol como una parte igual de la fuerza de trabajo. Los hombres entraron en el servicio militar, dejando un gran número de puestos de trabajo vacantes que las mujeres tenían que cubrir. Para el final de la guerra, solo en Estados Unidos, el número de mujeres empleadas había aumentado a 18 millones, un tercio de la fuerza laboral total. Sin embargo, cuando los hombres al finalizar la contienda volvieron del frente, fue preciso que retomaran los trabajos de cara a normalizar su situación desde un punto de vista material pero también psíquico (algunos volvieron con tremendas secuelas), buscando una normalidad que les permitiera retomar su vida y volver a sentirse útiles. Esto provocó que muchas mujeres tuvieran que dejar sus ocupaciones profesionales; abandonaron sus trabajos y retornaron al hogar con la finalidad de dedicarse en exclusiva a ser madres y esposas, teniendo como única ocupación las labores de la casa y la crianza de los hijos.

[10] B. FRIEDAN, *La mística de la feminidad*, novena edición, Ediciones Cátedra, 2020, p. 241.

[11] Tras entrevistar a una multiplicidad de mujeres de los barrios residenciales de Estados Unidos, Friedan tuvo una sensación: «Paulatinamente llegué a darme cuenta de que existe algo equivocado en la manera en que las mujeres norteamericanas intentan vivir hoy día sus vidas (...) Las amas de casa que viven de acuerdo con la mística de la feminidad no tienen un propósito personal que se proyecte en el futuro».

adaptación a una imagen que no les permite convertirse en lo que pueden ser»[12].

Sin ninguna aspiración personal, profesional o intelectual, muchas de ellas comenzaron a experimentar una sensación de vacío indescriptible que no eran capaces de compartir ni expresar porque les suponía reconocerse a sí mismas como fracasadas en su función de lograr una familia y un hogar perfectos. «Había una extraña discrepancia entre la realidad de nuestras vidas como mujeres y la imagen a la que intentábamos adaptarnos, la imagen que he llamado la mística femenina», explicó Friedan en una entrevista en el año 2000.

En este sentido, existen datos concretos de estudios y estadísticas que dejaban a los psicólogos sorprendidos por la infelicidad de estas mujeres, a la que no sabían dar una causa exacta y por lo tanto incapaces de aportar una solución a la misma. Un médico de Cleveland lo denominó el "síndrome del ama de casa" y el *New York Times* lo calificó como "el ama de casa atrapada"[13]. Era una inquietud extraña, una sensación de insatisfacción, un anhelo que las mujeres padecían mediado el siglo XX en los países desarrollados.

Estas mujeres eran víctimas de lo que se denominaría la *"heterodesignación"*, es decir, una designación de su identidad que las mujeres no se habían dado a sí mismas sino que les venía ya elaborada e impuesta por otros, era aceptada con gusto por la mayoría de ellas dado que,

---

[12] B. FRIEDAN, *La mística de la feminidad*, novena edición, Ediciones Cátedra, 2020, pp. 374-375.

[13] B. FRIEDAN, *La mística de la feminidad*, novena edición, Ediciones Cátedra, 2020, p. 57.

quienes rompían el estereotipo, se enfrentaban al rechazo social y a la culpa interior[14]. «Aquello que nos hacía sentirnos culpables por cualquier cosa que hiciéramos, no en calidad de esposas de nuestros maridos ni madres de nuestros hijos, sino como nosotras mismas, como personas»[15].

Sin embargo, como se deriva de multiplicidad de estudios de psicólogos, pediatras y otros científicos de la época, la verdadera causa del malestar indescriptible que experimentaban las mujeres, no era en sí misma la dedicación a la familia y el hogar, sino su pérdida de identidad al vivir la vida de sus hijos en lugar de la propia. Su conversión en "solo madre", "madre al 100 %", "demasiado madre"[16]; su renuncia total y absoluta a su parte erótica. La búsqueda de la "maternidad perfecta" suponía una declinación, a veces patológica, con serios efectos secundarios sobre la salud mental de las mujeres. Además, el excesivo espíritu maternal influía negativamente en la relación de pareja, porque la mujer demasiado materna convierte al hombre en un hijo más y lo infantiliza[17].

Mujeres que al ser madres se anularon a sí mismas, dándolo todo en la crianza y educación de la prole se perdieron en sus propios hijos. Este fue el verdadero problema. No la dedicación a la familia, sino la dedicación

---

[14] A. JIMÉNEZ PERONA, *El feminismo liberal estadounidense de posguerra. Betty Friedan y la refundación del feminismo liberal. Teoría feminista,* coord. por A. de Miguel Álvarez y C. Amorós Puente, Vol. 2, 2005 (Del feminismo liberal a la posmodernidad).

[15] B. FRIEDAN, introducción a la edición del décimo aniversario de *La mística de la feminidad,* 1973.

[16] Expresión que da nombre al título de la obra de O. POLI, Madres demasiado madres, ed. Rialp, 2011.

[17] M. CERIOTTI, *Erótica y materna. Viaje al universo femenino,* ed. Rialp, 2019, p. 51.

que aliena, obsesiona y anula a la mujer. La dedicación de la mujer que se desprende y relega su parte erótica, que no deja tiempo para la esposa, la profesional, la amiga, la persona. La crianza y educación de los hijos se convirtió en aquel tiempo en algo obsesivo para las madres. Educar se transformó en una tarea agotadora en la que la mujer no se permitía ningún error, experimentando sensaciones de fracaso y dolor cuando las expectativas no eran cumplidas. «Mujeres que pensaban sinceramente que sus hijos se verían trágicamente privados de algo esencial si no estaban ellas ahí presentes y atentas en cada minuto»[18].

Madres que se anulaban a sí mismas al convertir a los hijos en la razón de su existencia. Madres que «dedicaban demasiado su vida a sus hijos, y tenían que conseguir que siguieran siendo bebés, pues de lo contrario su propia vida carecería de sentido»[19].

Para estas mujeres, dedicadas en cuerpo y alma a sus hijos, la verdadera angustia llegaba, cuando estos volaban del nido y abandonaban el hogar (normalmente para ir a la Universidad); entonces se sentían vacías, sin nadie a quien cuidar en casa. Una de las madres entrevistadas por Friedan afirmaba al respecto: «Daría ambos brazos porque mis hijos volvieran a ser pequeños y tenerlos en casa»[20]. Otra expresaba: «Me siento en cierto modo tan vacía, tan inútil, como si no existiera. A veces siento como si el mundo pasara

---

[18] B. FRIEDAN, *La mística de la feminidad*, novena edición, Ediciones Cátedra, 2020, p. 304.

[19] Ibídem, p. 247.

[20] Ibídem, p.292.

de largo delante de mi puerta mientras yo estoy sentada mirando»[21].

Los hijos educados siendo el centro de la vida de sus madres también sufrían las consecuencias de este exceso de amor materno mal entendido. Este fenómeno fue percibido por algunos pediatras que advirtieron de las nefastas consecuencias de una madre "perfecta" para los vástagos. El peligroso efecto de la sobrerrepresentación materna en la vida de estos niños era, en palabras de Friedan: «Un tipo de infantilismo que hace que no aguanten el esfuerzo, la resistencia al dolor, a la frustración y la disciplina que se requiere para competir en el campo de beisbol o para ingresar en un *college*». Hijos con una personalidad detenida en el nivel de la fantasía y la pasividad infantiles.

Al carecer de intereses serios fuera del hogar y con unas tareas domésticas convertidas en rutinas por los electrodomésticos, las mujeres podían dedicarse casi exclusivamente a adorar a la criatura en cada instante de su vida. Para muchas la relación con sus hijos se convirtió en una historia de amor o en un tipo de simbiosis que impedía que los niños se convirtieran en seres individuales, autónomos e independientes.

La mujer "no madre". Cuando la parte erótica devora a la materna

En la actualidad, por desgracia, los apoyos a la maternidad desde el poder público son prácticamente inexistentes, lo

---

[21] Ibídem, p.299.

que ha provocado que haya mujeres que, aunque querrían formar una familia, no prevén tener descendencia porque consideran imposible compatibilizar la maternidad con su situación económica y laboral, y por carecer de opciones flexibles para el cuidado de los hijos. Mujeres que quieren ser madre pero que, dada su precaria situación, no pueden, pues carecen de medios para externalizar los cuidados y seguir trabajando[22], ni tampoco se pueden permitir dejar el mercado laboral para dedicarse a la crianza de la prole al resultarles materialmente inviable prescindir de unos ingresos de los que depende su subsistencia[23]. En estos casos, la decisión de estas mujeres no es enteramente libre al haber detrás un problema estructural que les empuja a tomarla[24].

Sin embargo, simultáneamente a estas injustas y dolorosas situaciones, hoy hay mujeres que, pudiendo tener descendencia, por gozar de trabajos estables, bien remunerados o por gozar de una buena posición

---

[22] Según diversos estudios, en España, tener un hijo implica unos gastos aproximados de más de 7000 euros de media por hijo al año. Datos de la encuesta "El Coste de la Conciliación", realizada en febrero de 2022 por la asociación "Yo no renuncio" sobre una muestra de más de 50 000 mujeres.

[23] Según el estudio "Las invisibles" (2020) realizado por la asociación "Yo no renuncio" (Asociación por la conciliación) al 60 % de las mujeres encuestadas les gustaría o les hubiera gustado tener más hijos. Asimismo, en una encuesta reciente realizada por *Forbes* sobre maternidad y empleo, el 84 % de las mujeres encuestadas afirmaba desear quedarse en casa cuidando a sus hijos, algo que la mayoría de ellas no se podía permitir.

[24] Según el INE, en la actualidad las mujeres tienen una preferencia a tener 2,4 hijos/as, una cifra bastante alejada del número que tenemos hoy en día 1,23. INE, Indicadores Demográficos Básicos (2019).

económica, no quieren asumir esa responsabilidad[25]. En los últimos años se ha extendido, entre un porcentaje cada vez más elevado de mujeres, la renuncia tajante a brindar la hospitalidad de albergar una hipotética vida, ni siquiera de forma espiritual[26]. La visión de los hijos como una merma de los recursos económicos, una traba para la promoción profesional y un obstáculo para gozar de los placeres de la vida, son algunos de los motivos alegados para justificar esta decisión[27].

Estamos ante lo que Recalcati considera una "alteración hipermoderna de la maternidad", reflejada en aquellas mujeres que viven los hijos como un obstáculo para su afirmación social y su desarrollo profesional. En ellas, la actitud maternal caracterizada por la donación, generosidad, compasión, cuidado y empatía, desaparece

---

[25] Este fenómeno se da también en parejas que gozan de buena situación económica. El término "DINK" (del inglés *Dual Income, No Kids*: Doble de ingresos, sin hijos) se ha vuelto cada vez más relevante. Se refiere a hogares donde ambos miembros de la pareja generan ingresos y no tienen hijos. Este fenómeno está ganando terreno debido a cambios culturales, pero también sociales, en las prioridades y estilos de vida de las parejas jóvenes. La ausencia de hijos permite que estas parejas puedan centrarse más en sus carreras profesionales y en actividades de ocio, lo que a menudo resulta en un estilo de vida más acomodado y flexible. En España, el INE marca que este tipo de unidades familiares ha crecido en 50 000 en los últimos 5 años, reflejando la baja tasa de natalidad y los cambios en las preferencias de vida y familiares.

[26] Según datos del INE, el porcentaje de mujeres entre los 18 y 44 años que afirmaron no querer tener hijos pasó de 1,06 millones en 1999 a 1,21 en 2018 (un aumento de más de 150 000). Y sigue creciendo exponencialmente año tras año.

[27] Como reflejan los estudios realizados por FUNCAS, los principales motivos alegados para no tener hijos son: que dan muchos problemas (70 %); que limitan el tiempo libre (67 %); que requieren muchos ingresos (64 %).

y prevalece una obsesión por su libertad, su físico, su autonomía; el hijo como molestia y obstáculo a su realización personal. Mujeres que interpretan la maternidad como una amenaza contra un "ideal estéril de feminidad"; como si su planificada negativa a procrear fuera intrínsecamente progresista. Mujeres que consideran el embarazo como una alteración intolerable y desestabilizadora de la imagen narcisista del Yo[28].

Si en los años cincuenta, "la mística de la feminidad" quería convertir a las mujeres en amas de casa, anulando su vida pública, en la actualidad, la mística femenina se sitúa en el extremo opuesto, anulando de forma radical la vertiente femenino maternal, haciendo creer a las mujeres que el hogar y los hijos las subyugan y esclavizan y que la realización personal pasa por aplazar, retrasar o renegar de la maternidad y dedicarse en cuerpo y alma a una misma de manera autorreferencial y narcisista[29].

De este modo, y en un movimiento pendular radical, se generó a partir de finales de los sesenta, cierto desprecio hacia las mujeres que trabajaban en su casa o cuidaban de sus hijos, que resultaban estigmatizadas, considerándolas poco atractivas o interesantes y nada productivas para la sociedad; frente a aquellas otras mujeres que renunciaban a la maternidad o al cuidado personalizado de sus vástagos desde sus primeros días de vida, que aparecían ante la opinión pública como heroínas, auténticas mujeres modernas, que, lejos de

---

[28] M. RECALCATI, *Las manos de la madre. Deseo, fantasmas y herencia de lo materno*, ed. Anagrama, 2018, pp. 13-37.

[29] Vid. al respecto, J.M. TWENGE Y W, KEITH, *La epidemia del narcisismo*, Ediciones Cristiandad, 2018.

esclavizarse «perdiendo el tiempo» en la atención a sus retoños, se entregaban plenamente a su profesión, por la que lo sacrificaban todo, lo que las liberaba y convertía en estereotipos de la emancipación femenina.

Esta estereotipificación inversa, favorecida por la actitud de algunas líderes políticas y sociales durante la década de los setenta ha perdurado hasta la actualidad. En pleno siglo XXI la organización de la vida profesional se desarrolla como si las mujeres no fueran madres y como si los trabajadores no tuvieran obligaciones familiares; dificultando así un cambio de mentalidad sobre la importancia real de la maternidad, tanto para la mujer en sí, como para la institución familiar, base incuestionable de la sociedad, sin el cual, nunca podrán adoptarse medidas verdaderamente integradoras para la vida familiar y laboral. Ver el trabajo profesional como la parte consistente de la vida y ver la vida familiar como una pérdida de tiempo, es una perversión con efectos muy graves en la mujer y la sociedad[30].

La nueva mística de la feminidad se ha impuesto mediante una obra de ingeniería social consistente en extirpar quirúrgicamente de forma muy precisa la "huella

---

[30] Como afirmaba Chesterton: «Si la educación es la cosa más grande del mundo, ¿qué sentido tiene hablar de una mujer siendo liberada de la cosa más grande del mundo? (...). Todo tiende al regreso de una sencilla verdad que dice: el trabajo privado en la casa es el trabajo verdaderamente grande y el trabajo público es el empleo pequeño. El hogar humano es una paradoja porque es más grande por dentro que por fuera (...), la mayoría de los feministas probablemente estarían de acuerdo con él en que las mujeres están bajo una vergonzosa tiranía (...) pero yo quiero destruir la tiranía. Ellos quieren destruir a las mujeres. Es la única diferencia». En el libro compilatorio de J.R. AYLLON, *Esencia de mujer*, ed. Homo Legens, 2020.

psicológico materna" que toda mujer lleva dentro por el mero hecho de estar diseñada por la naturaleza para traer vida al mundo. Eliminada esta parte, se fomentó la parte erótica, en una devastadora carrera delirante, hedonista y egocentrista, que nos está conduciendo a nuestra autodestrucción como mujeres.

A esta desacreditación de la maternidad ha colaborado también en buena medida el mercado de trabajo. Ejemplo de ello, es la propuesta realizada por algunas empresas, como *Facebook* y *Google*, entre otras muchas, consistente en ofrecer a sus empleadas la posibilidad de congelar de forma gratuita sus óvulos, a la espera de un "mejor momento" para ser madres y, de este modo, no tener que frenar su carrera profesional. Una oferta perversa y obscena que, tras la apariencia de progreso, feminismo, igualdad y modernidad, esconde un nuevo tipo de esclavitud femenina: la plena disponibilidad de la mujer en el ámbito profesional. Una nueva alienación, esta vez laboral, así como el mensaje de que la maternidad es un obstáculo para el desarrollo profesional, un hecho colateral que conviene posponer en beneficio de la promoción laboral y que debe resultar subordinado a cualquier otro proyecto. En estas circunstancias, la mujer no es libre pues se explota a sí misma por más que lo haga con entera libertad.

Nos han hecho creer que, si no nos liberamos a nosotras mismas de la carga de dar a luz, nunca alcanzaremos el éxito, ni seremos modernas y progresistas; que la maternidad es una cárcel cruel cuyas insoportables cadenas debemos romper. Como resultado de esto, muchas mujeres tienden a ocultar su sensibilidad maternal como si fuera un defecto humillante. Parecen creer que, si reconocen estos atributos femeninos, estarán caracterizando a las mujeres como seres débiles y patriarcales.

Se ha extendido recientemente un mantra social según el cual la mujer de éxito es aquella que renuncia a la maternidad, que es vista como un obstáculo al desarrollo de las expectativas de éxito y diversión[31]. El movimiento *Childfree*, en expresión anglosajona, constituido por aquellas mujeres que reivindican su derecho a no tener hijos jamás para poder "hacer su vida" sin obstáculos, gana partidarios cada día[32]. En España, según la encuesta del Instituto Valenciano de Infertilidad de 2022, un 61 % de las mujeres encuestadas, entre 36 y 39 años, se han propuesto de propósito y con total consciencia no tener hijos jamás porque suponen una pérdida de libertad y de tiempo para una misma[33].

Para estas mujeres, la satisfacción de los placeres se convierte en una necesidad irrenunciable. Pero la libertad sin vínculos —especialmente sin vínculos morales— es una forma inédita de esclavitud: esclava de mis caprichos, de mis impulsos compulsivos, de mis deseos, de mi yo narcisista. Como señala Marín: «quien experimenta sus deseos como si fueran necesidades está abocado a no poder mirar más allá de la imperativa necesidad de satisfacerlos. Esta pérdida de control es, en términos psicológicos y morales, una esclavitud porque el sujeto ya

---

[31] Vid. al respecto, L. MERUANE, *Contra los hijos*, ed. Random House, 2018.

[32] Vid. al respecto, C. MAIER, *No kids. 40 Good reasons not to have children*, Emblem Edition, 2009.

[33] I Barómetro social de la percepción de las españolas acerca de la maternidad. *Maternidad y fertilidad a examen*, Instituto Valenciano de Infertilidad, 2022.

no es dueño de sí, sino que es arrastrado a conducirse de manera imperativa por aquello que le domina»[34].

La realidad, por paradójica que parezca es que los hijos nos conceden libertad; la libertad de atarnos por amor. Es la máxima independencia a través de la máxima dependencia escogida.

Obviamente, cuando somos madres el tiempo "para nosotras" queda reducido a la mínima expresión, pero eso es el amor básicamente, la dación generosa de "mi" tiempo. Lo que a su vez y de forma paradójica genera una libertad plena, porque nadie está tan en posesión de sí mismo como el que se da y entrega a otros. La libertad es precisamente aquello que tienen los que se dan: «La forma perfecta de la libertad es la generosidad, porque el modo más intenso y perfecto de tenerse a uno mismo es precisamente darse»[35].

Lo más llamativo del informe citado es que califica a estas mujeres como «independientes, aventureras, que disfrutan y exprimen cada minuto de sus vidas. Su mente y prioridades han cambiado con el paso del tiempo»[36]. Como expone acertadamente Hadjadj: «Los *sin hijos por decisión* siempre son actualmente emprendedores de moral»[37].

---

[34] H. MARÍN, *El hombre y sus alrededores. Estudios de filosofía del hombre y de la cultura*, Ediciones Cristiandad, 2013, p. 77.

[35] H. MARÍN, *El hombre y sus alrededores. Estudios de filosofía del hombre y de la cultura*, Ediciones Cristiandad, 2013, p. 105.

[36] I Barómetro social de la percepción de las españolas acerca de la maternidad. Maternidad y fertilidad a examen, Instituto Valenciano de Infertilidad, 2022. Encuesta realizada a mujeres, residentes en España, de entre 25 y 45 años, pertenecientes a un nivel socioeconómico medio, medio-alto y alto.

[37] F. HADJÁDJ, *¿Por qué dar la vida a un mortal? Y otras lecciones*, ed. Rialp, 2020, p. 63.

Esta determinación femenina puesta al servicio único del "disfrute" de la vida, del goce neolibertino a toda costa, compulsivo, sin pudor ni culpa, sin inhibiciones ni restricciones, resulta temible. Es la propugnación del *"carpe diem"* como base y esencia de una felicidad que nunca llega porque es buscada alienadamente como objetivo de forma obsesiva. Lo que a su vez genera una enorme angustia interior. Si la vida se repliega sobre sí misma, «sin nadie por quien merezca la pena morir, acabarán por cansarse de sus propias distracciones»[38]. Y, como señala Recalcati, cuando una mujer se erige en "soberana de su propio goce", sufre indefectiblemente la experiencia fatal de la soledad, producto de su incapacidad fundamental para amar[39].

La realización personal de la mujer de éxito actual supone la propia autoexplotación, que da la sensación de que me estoy realizando y que soy verdaderamente libre. Se inicia con una sensación de euforia, pero al final provoca un derrumbe personal; «me mato a base de autoexplotarme, me mato a base de optimizarme»[40].

Se trata de una libertad delirante, dirigida por caminos equivocados: la multiplicación de experiencias sensoriales a nivel epidérmico, constantes y encadenadas. Una existencia frívolamente egocéntrica que busca a toda costa el placer interesado y momentáneo conduce al hedonismo y siempre lleva implícita una cuota de turbación e inquietud personal.

La felicidad como objetivo es un error propio de la hipermodernidad. Estamos ante lo que Ruiz denomina

[38] Ibídem, p. 125.
[39] M. RECALCATI, *¿Existe la relación sexual?* ed. Herder, 2023, p. 55.
[40] B-CHUL HAN, *La sociedad el cansancio*, ed. Herder, 2023, p. 108.

la "postfelicidad"[41], que impulsa al sujeto a la hiperactividad, no dejando espacio para la reflexión, la contemplación o el deleite, y mucho menos para el cuidado y atención de los demás. La búsqueda a toda costa de la felicidad ha hecho mucho daño a la fecundidad. La maternidad se entiende ahora como una vida sin inquietudes, aburrida y echada a perder. Esta felicidad, ñoña e infantilizada, carece de raíces profundas, lo que la convierte en algo sumamente precario e inestable.

La felicidad, desde la Grecia clásica, no debería ser un objetivo en sí misma, sino la consecuencia de haber llevado una vida virtuosa. Obrar bien y vivir según principios morales que favorezcan el bien social. No es un estado de ánimo, sino, como dice Polo, un "estado del ser".

En palabras de Viktor Frankl: «La felicidad es como una mariposa. Cuanto más la persigues, más huye. Pero si vuelves la atención hacia otras cosas, ella viene y suavemente se posa en tu hombro. La felicidad no es una posada en el camino, sino una forma de caminar por la vida».

La mujer hipermoderna, hiperactiva, en constante emprendimiento de experiencias sensitivas efímeras, con aspecto externo de plena felicidad (aunque interiormente esté fragmentada) que exhibe en las redes sus múltiples y constantes vivencias superficiales, íntimas y privadas de forma casi pornográfica, es todo un referente. Pero está sola en una ingente comunidad digital. Esta concatenación constante de diversión banal y cambios radicales e intensos puede ser reflejo de cierto "*horror vacui*", una huida para ocultar la insuficiencia

---

[41] J. C. RUIZ, *Incompletos. Filosofía para un pensamiento elegante*, ed. Destino, 2023.

vital que aflora cuando paramos de forma introspectiva. Como afirmó Waldo Emerson, cuando la capa de hielo es muy fina, la única posibilidad de salvarse es patinando a mucha velocidad[42].

Estamos presenciando una crisis del amor, unida a un excesivo narcisismo de la propia mismidad. El hecho de que el otro (el hijo) desaparezca es un proceso dramático, porque la enfermedad narcisista implica una relación con una misma exagerada y patológicamente recargada que acaba produciendo un agotamiento y fatiga de sí misma y, en consecuencia, infelicidad[43].

Este fenómeno se da también en ocasiones en mujeres que huyen de la imagen de su propia madre; no quieren ser como ella. Es la *"matrofobia"* o miedo a acabar convirtiéndose en la propia madre (nomenclatura acuñada por la poetisa Lynn Sukenick). Para distanciarse de la imagen de su madre o de su propia cualidad de madre, atraviesan periodos de rechazo a las cualidades femeninas, distorsionadas por el prisma cultural, que las ve como pasivas, inferiores, dependiente y carentes de poder o atractivo alguno[44]. Mujeres que identifican la palabra madre con un término "sustractor, encarcelador y peligroso"[45].

La maternidad vista como una forma inaceptable de amputación de los placeres de la vida, es además

---

[42] Citado por J.C. RUIZ, *Filosofía ante el desánimo. Pensamiento crítico para construir una personalidad sólida*, ed. Planeta, 2022, p. 67.

[43] B-CHUL HAN, *La agonía del eros*, ed. Herder, 2014, p. 11.

[44] M. MURDOCK, *Ser mujer. Un viaje heroico. Un apasionante camino hacia la totalidad*, ed. Gaia, 2021, p. 29.

[45] M. CERIOTTI, *Erótica y materna. Viaje al universo femenino*, ed. Rialp, 2019, p. 56.

57

una actitud que supone una falta de respeto y gratitud hacia nuestras propias madres, pues deslegitimamos así la vida que hemos recibido y encasillamos a nuestras genitoras como perdedoras y fracasadas. Esta ingratitud supone un divorcio desleal entre la vida que disfruto y la vida que he recibido. Como señala Hadjadj: «Honrar, dar importancia a los progenitores es reconocer el sentido de su fecundidad y, en consecuencia, tener gratitud hacia ellos»[46].

La mujer que tiene poco contacto o rechaza sus aspectos maternales tiene elevadas posibilidades de caer en el utilitarismo en sus relaciones personales. Es un fenómeno que, en el ámbito del psicoanálisis, recibe la denominación de "complejo de Medea"[47]: mujeres que descartan por completo su lado maternal y exacerban su lado erótico-femenino. La madre ha sido eliminada por la mujer. La consecuencia psíquica de este desequilibrio entre el lado maternal y el lado erótico de la mujer provoca una soterrada pero constante insatisfacción personal, como consecuencia de la condena, libremente aceptada y buscada de propósito, a una soledad autodestructiva. Cuando la mujer pretende ser autónoma y totalmente autosuficiente, sin hombre, sin hijos, sin familia, corre el riesgo de encerrarse en una autorrealización que considera como una conquista de la libertad la superación de todo vínculo natural maternal, pero que en realidad la reduce

---

[46] F. HADJADJ, *¿Por qué dar la vida a un mortal? Y otras lecciones*, ed. Rialp, 2020, p. 74.

[47] Recordemos que en la obra de Eurípides del siglo V antes de Cristo, la protagonista, Medea, asesina a sus hijos para vengarse de la traición de su amante y padre de las criaturas.

a una soledad opresora[48]. La plenitud solitaria es una imposibilidad[49].

DE LA TRISTEZA DE LA MADRE PERFECTA, A LA TRISTEZA DE LA MUJER DE ÉXITO. EL NUEVO MALESTAR QUE NO TIENE NOMBRE

Entre los años cincuenta y sesenta "el malestar que no tiene nombre", experimentado por muchas mujeres dedicadas en cuerpo y alma al hogar, provenía de una excesiva y obsesiva dedicación a los hijos, que implicaba la anulación de una misma como persona.

Actualmente, las mujeres experimentan un nuevo "malestar que no tiene nombre", una nueva sensación de vacío existencial y de falta de realización personal, esta vez, originada por la renuncia autoimpuesta al desarrollo libre y natural de su vertiente maternal y familiar en pro de una expansión del ámbito profesional y personal que lo abarca todo. Estamos ante lo que Han denomina la "depresión del éxito"[50].

Si Friedan en la década de los cincuenta, se refería a la "tristeza del ama de casa", actualmente, la analista June Singer habla de un fenómeno extendido en las consultas, un síndrome al que llama "la tristeza de la

---

[48] Vid. al respecto, Benedicto XVI: Discurso al congreso internacional «Mujer y varón, la totalidad del *humanum*»; Roma del 7 al 9 de febrero 2008, para recordar los veinte años de la publicación de la carta apostólica de Juan Pablo II.

[49] F. HADJADJ, *¿Por qué dar la vida a un mortal? Y otras lecciones*, ed. Rialp, 2020, p. 196.

[50] B-CHUL HAN, *La agonía del eros*, ed. Herder, 2014, p. 12.

mujer de éxito", que procede de haber perdido el contacto con nuestra feminidad, en concreto por habernos vuelto individualistas en extremo y haber negado nuestro yo relacional. Es la consecuencia patológica de una autoexplotación voluntaria y autorreferencial.

Mujeres inteligentes y profesionales de éxito, pero deprimidas e infelices. En realidad, son "hombres" de éxito porque han perdido su parte emocional e instintiva femenina. Adquirieron una falsa identidad para sobrevivir en un mundo altamente masculinizado. Otra persona triunfó por ellas, su componente masculino, su yo masculino trabajador, concentrado en su cabeza y en su voluntad y que debe ser puesto en su lugar[51]. Como ironizaba Gloria Steinem: «Algunas de nosotras nos estamos convirtiendo en los hombres con los que nos gustaría casarnos»[52].

Este fue un proceso en cierta medida lógico, una forma de sobrevivir en un mundo masculinizado. Pero ahora, necesitamos volver a una feminidad consciente que incluya, sin renunciar a las virtudes masculinas que hemos desarrollado en las últimas décadas y que sin duda nos enriquecen, una conciencia no culposa de nuestro bagaje natural y la necesidad de convencernos con orgullo del valor de nuestra propia singularidad.

La psicóloga Murdock, como muchas otras terapeutas, conoce por su amplia experiencia profesional un clamor repetido entre mujeres maduras de insatisfacción

---

[51] J. WHEELWRIGHT, "La ruptura de la identificación con el ánimus para encontrar lo femenino", en la obra *Ser mujer*, ed. Kairós, 2018, p. 185.

[52] Citada por C. DEL OLMO, en su obra: *¿Dónde está mi tribu? Maternidad y crianza en una sociedad individualista*, ed. Clave Intelectual, 2022, p. 44.

60

con los éxitos profesionales logrados; descrita como una sensación de esterilidad, vacío, desmembramiento e incluso de traición a una misma[53]. Estamos ante un nuevo "sentimiento innombrable" impuesto por la actual "mística de la feminidad" hipermoderna, con daños físicos y emocionales de los que poco o nada se habla, derivados de haber seguido un modelo masculinizado que nos ha supuesto una escisión interna con nuestra naturaleza femenina más íntima. La sobrerrepresentación de un modelo de feminidad que niega unas especificidades propias y que denigra la maternidad, hace sumamente difícil que una mujer se valore a sí misma de forma equilibrada.

Mujeres que han logrado todo lo que se habían propuesto profesionalmente y que, sin embargo, se sienten vacías, con sensación de soledad y desolación, de haber sido traicionadas, de haberse perdido "algo" (la relación consigo misma, su autoconocimiento, la identificación con su naturaleza, el respeto a su propio cuerpo, la descendencia, la paz interior...). Mujeres que triunfan exteriormente pero que se desangran en su interior.

La actual mística de la feminidad impone y exige la desfeminización de la mujer. Pero, más tarde, la naturaleza, rechazada, reprimida, se hace valer, lucha por manifestarse y surgen las depresiones, la ansiedad, la insatisfacción, la frustración e infelicidad; decepciones en torno a un modo de vida que nos prometió la felicidad y liberación total, pero que nos genera angustia y sensación de vacío. Algo que resulta difícil de admitir por

---

[53] Vid. al respecto, M. MURDOCK, *Ser mujer. Un viaje heroico. Un apasionante camino hacia la totalidad*, ed. Kairos, 2018.

quien lo padece, porque significaría reconocerse como "fracasada", en esta sociedad que mide el éxito por la calidad y cantidad de emociones positivas que seas capaz de engullir a la mayor velocidad posible y exhibir sin pudor en las pantallas, como si la vida fuera una mercancía susceptible de ser expuesta en un escaparate en busca del beneplácito social. Lo que conduce a incrementar el sentimiento narcisista de una misma ante una muchedumbre que aplaude la exhibición impúdica de la vida privada e íntima.

Muchas mujeres perciben que todos sus esfuerzos por alcanzar el éxito se han basado en la necesidad de complacer a otros y dar la talla según los estándares impuestos por una sociedad feminista pero masculinizada, en lugar de seguir sus propios instintos o deseos. También otras mujeres sienten un fuerte temor interno a la inferioridad femenina y se vuelven *adictas a la perfección*, trabajando más que sus homólogos masculinos para compensar el hecho de no ser varones.

Rechazando lo femenino, inhibimos nuestro crecimiento como mujer, negamos nuestras cualidades innatas e ignoramos lo que nos da satisfacción y sensación de plenitud en la vida. Nos escondimos tras una coraza que nos protegía en nuestro periplo profesional, pero que nos separó de nuestros propios sentimientos, de nuestra parte más dulce y tierna, de nuestra espontaneidad y vitalidad e incluso de una relación positiva con los hombres.

Sin pararnos a pensar en los motivos que nos hacen sentirnos fragmentadas interiormente, cubrimos el malestar con experiencias nuevas (más trabajo u otro trabajo, viajes constantes, experiencias extremas, deporte exhaustivo para lograr cuerpos perfectos…); con una vida hiperactiva, siempre en movimiento inquieto, casi histérico, siempre en permanente cambio, también de ideas y valores, y en soledad. Sin el apoyo que constituía antaño la familia, la práctica religiosa en comunidad o la propia sociedad que se implicaba en el bien común general. Una soledad que nos lleva a la "autoayuda" (ansiolíticos, antidepresivos, consejos en *youtube, mindfulness*) ante la falta de comprensión y apoyos externos[54].

Buscamos alienadamente cualquier elemento dinámico que nos active de nuevo y evitar así el análisis sereno de nuestra identidad[55]. Cualquier proceso que demande una introspección profunda, como la maternidad, es rechazado frontalmente por suponer un estatismo intolerable.

---

[54] España lidera el consumo mundial de benzodiacepaminas.
[55] J. C. RUIZ, *Incompletos. Filosofía para un pensamiento elegante*, ed. Destino, 2023, p. 137.

3. ¿QUIÉN ERES, MUJER? CÓMO SER MADRE SI NO SÉ QUIÉN SOY

RESULTA PARADÓJICO QUE en un momento en el que el desarrollo tecnológico es magnífico y facilita en extremo el acceso al conocimiento, no seamos capaces de responder a la cuestión ¿qué significa ser mujer?

¿Quién soy yo? es el "aullido emocional" más extendido en la sociedad actual[1]. Estamos sufriendo una crisis de identidad personal sin precedentes. La mujer busca desesperadamente su autocomprensión existencial sin tener las herramientas precisas para lograr una respuesta satisfactoria. La incapacidad de dar respuesta a esta pregunta, el desconocimiento de una misma, supone, como afirma Schlatter, un factor de riesgo capaz de conducirnos a un fracaso existencial[2].

---

[1] M. EBERSTADT, *Gritos primigenios. Cómo la revolución sexual creó las políticas de identidad*, ed. Rialp, 2020, p. 46.

[2] J. SCHLATTER, *De tal palo. Una mirada desde el corazón del hijo*, ed. Rialp, 2019.

No puede extrañarnos en estas circunstancias que el suicidio sea la principal causa de mortandad en España, entre individuos de 14 a 45 años[3]. ¿Es esta sociedad, indiferente, narcisista y relativista, la que empuja a estos jóvenes a destruirse? Para Han, existe una relación excesivamente tensa, sobreexcitada y narcisista consigo mismo que acaba asumiendo rasgos destructivos[4].

Tampoco puede extrañarnos que la disforia de género acelerada se haya multiplicado un mil por cien en algunas clínicas en los últimos años, y que siete de cada diez pacientes sean mujeres —jóvenes que no encuentran la belleza de ser mujer y creen que cambiando de sexo corporalmente se encontrarán a sí mismas—[5]. Porque no se trata solo de vivir, esto implica un simple desarrollo o satisfacción de las necesidades biológicas esenciales, sino de "existir"; lo que supone un reconocimiento de nuestra dignidad, humanidad, un sentido de pertenencia e identidad[6].

Si no me conozco, estoy imposibilitada para aceptarme tal y como soy, con todas mis carencias, defectos

---

[3] Informe sobre la evolución del suicidio en España en población infantojuvenil (2000-2021) dirigido por Alejandro de la Torre, investigador principal del Grupo de Investigación en Epidemiología Psiquiátrica y Salud Mental de la Universidad Complutense de Madrid e investigadores del CIBERSAM.

[4] B-CHUL HAN, *La sociedad del cansancio*, ed. Herder, 2023, p. 86.

[5] Declaraciones de 2023, del jefe de psiquiatría juvenil del Gregorio Marañón, Celso Arango. En Madrid, la Unidad de Identidad de Género ha experimentado un incremento de solicitudes de atención del 500 % entre 2017 y 2019, la mayoría de ellas eran chicas muy jóvenes. En otros países, como Gran Bretaña, este incremento ha sido del 4000 % entre 2009 y 2018.

[6] Vid. al respecto, la obra de R. NEUBURGER, *Existir. El más íntimo y frágil de los sentimientos*, ed. Kairós, 2020.

e imperfecciones. En consecuencia, no puedo amarme a mí misma ni, por lo tanto, respetarme. Como afirmaba Santo Tomás de Aquino, solo si me amo a mí mismo puedo resistir a lo que podría destruirme[7].

El autoconocimiento solo es posible donde hay amor. Es urgente por ello que la mujer aspire a la introspección, querer ser quien es, aceptando también las debilidades y culpas. Y asumir el compromiso de ser fiel a una misma. En la raíz de todo está el acto de aceptarme a mí misma; mujer, hecha de cultura, pero también de naturaleza. La claridad y la valentía de esta aceptación constituyen la base de toda la existencia[8].

La evolución del feminismo más radicalizado ha implicado la progresiva pérdida de feminidad de la mujer. Estamos sufriendo una evidente desculturización de la maternidad. ¿Qué es ser madre? Es una pregunta que debería tener una respuesta sencilla y espontánea. Pero no es así porque la realidad es que la pregunta ¿qué es ser mujer? tampoco recibe una respuesta clara y contundente; sino ambigua, confusa, relativista y subjetivizada, incluso en ámbitos académicos.

Uno de los adjetivos más definitorios de la sociedad actual es el de "paradójica". Estamos asistiendo a una batalla epistemológica y ética de tendencias que a veces son contrapuestas y hasta contradictorias que obstaculizan la realización de un pensamiento crítico profundo y clarificador[9].

---

[7] T. DE AQUINO, *Summa Theologiae*, II-II, q. 64, a, *corpus*.

[8] R. GUARDINI, *Aceptarse a uno mismo. Solo quien sabe de Dios conoce al hombre*, ed. Rialp, 2023, pp. 22-24.

[9] G. LIPOVETSKY, *Los tiempos hipermodernos*, ed. Anagrama, 2014. «Lo que tenemos delante es una segunda modernidad, desreglamentada y

Estamos ante una crisis antropológica del ser humano que afecta tanto al varón como a la mujer, pero que, en relación con esta tiene una importancia determinante, pues es ella quien tiene el poder sublime y fascinante de traer vida al mundo.

Estamos viviendo un momento, el primero en la historia de la humanidad, en el que se cuestionan las verdades antropológicas esenciales del ser humano. Estamos experimentando una mutación antropológica, una alteración en nuestros principales códigos simbólicos (especialmente en relación con el concepto de padre y madre). Se ha establecido una nueva metafísica, una nueva ética, un nuevo concepto de ser humano y por lo tanto de mujer: desnaturalizada, deshumanizada y sin trascendencia.

Es el momento en el que algunas certezas elaboradas a lo largo de los siglos en la sociedad occidental, como la realidad empírica de la alteridad sexual (arraigada en la ciencia y el lenguaje), resultan totalmente reformuladas sobre bases emotivas e irracionales. Su objetivo: una modificación radical de la definición de lo que significa ser mujer: la reducción de sí misma a su voluntad autorreferencial sobre la base de un subjetivismo irracional.

Y este cambio antropológico se ha llevado en gran medida con el apoyo del legislador. Leyes que, utilizando un lenguaje teatral y performativo, nos manipulan semánticamente y hacen parecer *chic* lo que es degenerado, y sofisticado lo que es barbarie. Algo que

---

globalizada que se basa en tres componentes axiomáticos procedentes de la misma modernidad: el mercado, la eficacia técnica y el individuo».

no es nuevo, pues, como señaló Lewis, en *La abolición del Hombre,* la invención de ideologías, llega a afectar incluso a nuestro lenguaje, ocultando el verdadero significado de lo que hay en juego[10].

MUJER DESNATURALIZADA. TE HACES, NO NACES

La mujer, y el ser humano en general, se ha desnaturalizado. Se niega la existencia de un hombre y una mujer naturales. Se reniega de la biología. Se considera que el sexo no es constitutivo de la persona y que la alteridad sexual, fundamento antropológico esencial del ser humano, simplemente no existe.

En contra de los últimos descubrimientos científicos acerca del dimorfismo sexual, se afirma, desde un dogmatismo blindado, que todo es cultura, educación y crianza. Lo natural es lo cultural. Como diría Beauvoir: «Mujer, te haces, no naces». Somos una construcción social. Nuestra identidad sexual depende de nuestras apetencias, gustos y sentimientos; fluida, líquida, inconsistente, cambiante.

Ser mujer, depende pues de nuestra decisión personal, de nuestra soberana e inquietante libertad; de los sentimientos profundos e íntimos que tengamos en un momento dado, que son los que determinarán mi propio ser y que, en cualquier instante, pueden variar.

---

[10] El nuevo lenguaje mundial tiende a excluir palabras pertenecientes específicamente a la tradición judeocristiana, como, por ejemplo: verdad; moral; conciencia; virginidad; castidad; madre; padre; justicia; pecado; mandamiento; caridad.

Esto constituye sin duda un absoluto fracaso del feminismo. Tantos siglos de lucha, tantos sacrificios y batallas ¿para nada?

En 1971, un grupo de mujeres valientes, al sentirse ignoradas en la Declaración de los Derechos del Hombre y del Ciudadano, decidieron, encabezadas por la escritora francesa Olympe de Gouges, publicar su propia Declaración de los Derechos de la Mujer y Ciudadana. Y alegaban literalmente que «si la mujer tiene el derecho de subir al patíbulo, ella debe tener igualmente, el derecho de subir a la tribuna... »[11]. Afirmación premonitoria, pues todas ellas acabaron guillotinadas por exigir simplemente justicia, un "feminismo de equidad", en expresión de Hoff Sommers[12]. Desde entonces hasta la actualidad, millones de mujeres han luchado por sus derechos de forma heroica ¿para qué tanto sufrimiento? ¿Para qué un hombre pueda ser considerado mujer sobre la base de un mero sentimiento?

La liberación sexual del siglo XXI ya no tiene que ver con la emancipación de la sexualidad frente a las normas morales, sino que pretende liberar la sexualidad de la norma heterosexual que distingue los sexos conforme a la diferenciación binaria entre lo masculino y lo femenino. El concepto mismo de diferencia sexual resultaría limitativo para entender las múltiples posibilidades expresivas de la sexualidad humana, por ello, la elección subjetiva de la identidad sexual resulta determinante, en

---

[11] *Déclaration des Droits de la Femme et de la Citoyenne*, 1791. Artículo X.
[12] CH. HOFF SOMMERS, *¿Quién robó el feminismo?*, Ed. Touchstone, 1994.

un marco social en el que el acceso al goce, como derecho inalienable, se vuelve anónimo y compulsivo[13].

Como reacción ante esta negación delirante del dimorfismo sexual, como afirma Schiller: «Nuestra cultura debe llevarnos de vuelta a la naturaleza por la vía de la razón y la libertad»[14].

Es verdad que estamos hechas de cultura. Toda mujer tiene un pasado familiar y una educación que le ha marcado, y vive en una sociedad por la que resulta influida. Pero también indudablemente –y como demuestra la ciencia– estamos hechas de naturaleza y la capacidad de ser madres es la seña de identidad de nuestra biología, lo seamos en acto o no, lo realicemos materialmente o no, tenemos un "instinto maternal" subconsciente desde que nacemos[15]. El "genio femenino" del que hablaba san Juan Pablo II, que nos hace proclives a la humanización de la sociedad, a poner a las personas en el primer plano de nuestro campo visual. Un código genético que nos insta a mirar el mundo con ojos maternos, tengamos hijos o no; un corazón de madre.

Burggraf, define la esencia femenina como esa delicada sensibilidad frente a las necesidades y requerimientos de los demás, esa capacidad de darse cuenta de sus posibles conflictos interiores y de comprenderlos. Se la puede identificar, cuidadosamente, con una especial habilidad para mostrar el amor de un modo concreto

---

[13] M. RECALCATI, ¿Existe la relación sexual?, Ed. Herder, 2023, p. 14.

[14] F. SCHILLER, citado por Byung-Chul Han, Loa a la tierra. Un viaje al jardín, ed. Herder, 2022, p. 78.

[15] Vid. al respecto, N. LÓPEZ MORATALLA, Cerebro de mujer y cerebro de varón, ed. Rialp, 2007.

y desarrollar la "ética del cuidado"[16]. Lo que provoca a su vez, como señaló Edith Stein, unida a la feminidad, la existencia de una predisposición hacia determinadas vocaciones y profesiones que suele estar relacionada con el servicio a los demás y la socialización, como sucede con la enfermería, medicina o enseñanza[17].

Como afirma Campbell: «El interés primordial de la mujer es el de criar. Puede criar un cuerpo, un alma, una civilización, una comunidad. Si no tiene nada que criar, de alguna forma pierde el sentido de su función»[18].

Para Benedicto XVI, la mujer conserva la profunda intuición de que lo mejor de su vida está hecho de actividades orientadas al despertar del otro, a su crecimiento y a su protección. Esta intuición está unida a su capacidad física de dar la vida. Sea o no puesta en acto, esta capacidad es una realidad que estructura profundamente la personalidad femenina. Le permite adquirir muy pronto madurez, sentido de la gravedad de la vida y de las responsabilidades que esta implica[19].

Lo maternal es una fuerza poderosa que se manifiesta a largo de la vida a través de una amplia gama de actitudes, emociones y comportamientos de la mujer. Lo femenino implica también un sentimiento de concebir y criar,

---

[16] J. BURGGRAF, ¿Qué quiere decir género? En torno a un nuevo modo de hablar, p. 23.

[17] Vid. M. C. MASSÉ GARCÍA, La mujer y el cuidado de la vida. Comprensión histórica y perspectivas de futuro, Cuadernos de bioética, XXVIII/2017/3ª.

[18] J. CAMPBELL, The hero with a thousand faces, ed. Pantheon Books, 1949.

[19] Carta a los Obispos de la Iglesia Católica sobre la colaboración del hombre y la mujer en la Iglesia y el mundo, en Roma, en la sede de la Congregación para la Doctrina de la Fe, el 31 de mayo de 2004, Fiesta de la Visitación de la Beata Virgen María.

de cuidar la vida y protegerla, de estar en conexión con nuestras raíces de la naturaleza. Si la mujer pierde esta dimensión, le falta una parte fundamental para el conocimiento de sí misma.

Como afirma Ceriotti: «El verdadero poder de la mujer, específicamente distinto del propio del hombre e insustituible, se encuentra en su capacidad potencial de engendrar un hijo en el interior de su cuerpo, y de convertirse en madre (…) La potencialidad materna no se define en un rol ni debe encarnarse necesariamente en la maternidad física. Define un potencial arquetípico que, si se reconoce y se acoge, puede llevar consigo desarrollos muy satisfactorios en los planos personal y social»[20].

Todas las mujeres, independientemente de la realización concreta de la maternidad e incluso de su deseo de ser o no madres, contienen en sí un "mundo psicológico materno ineludible"[21]. La mujer lleva en su cuerpo y en su mente el conocimiento secreto de la fertilidad y el crecimiento; una predisposición a la acogida del otro, un espacio de acogida que reclama ser colmado, un don innato de velar y proteger la vida. Esto afecta a sus decisiones y pensamientos, en lo personal y en lo profesional. La mujer es un ser sociable, humanizador por excelencia.

La cuestión esencial no es solo de orden práctico, sino también antropológico: las mujeres nunca se sentirán felices si no toman conciencia de hasta qué punto la maternidad define al ser femenino, tanto en el plano físico

---

[20] M. CERIOTTI, *La familia imperfecta. Cómo convertir los problemas en retos*, ed. Rialp, 2019, p. 59.

[21] M. CERIOTTI, *Erótica y materna. Viaje al universo femenino*, ed. Rialp, 2019, p. 35.

como espiritual, y expresan esta realidad con la reivindicación del reconocimiento social[22].

En definitiva, la mujer tiene una tendencia natural a preocuparse y ocuparse de las personas que configuran su entorno vital; relación que trasciende toda contingencia histórica, política, social o educativa. Y esto le proporciona satisfacción personal, a pesar en ocasiones de los sacrificios personales y profesionales que ello implica[23].

Esto explicaría por qué las niñas recién nacidas se inquietan al oír a otros bebés llorar, solidarizándose, mientras los neonatos varones siguen en su mayoría dormiditos en las cunas, ajenos al llanto ajeno.

O por qué las niñas, también de escasas semanas de vida, ante la opción de un carrusel colorido y en movimiento o la mirada materna, buscan desesperadamente el rostro de su madre hambrientas de comunicación humana, mientras que la mayoría de los varones prefieren el objeto que se mueve.

La mayor expresividad emocional desde que las niñas empiezan a hablar es otro detalle que nos muestra su inclinación hacia las personas. No en vano, a los veinte meses triplican en vocabulario a los varones. Estos más adelante las alcanzarán en vocabulario, pero nunca en velocidad al hablar.

---

[22] J. HAALAND, *El tiempo de las mujeres*, ed. Vértice, 2002, p. 27.

[23] Como afirma M.C MASSÉ, los cuidados que prestan las mujeres son, en general, más continuos y extenuantes respecto a los realizados por los varones. Ellas trabajan más horas en el cuidado, se dedican a los cuidados más íntimos e integran estas tareas con otras responsabilidades familiares. M.C. MASSÉ GARCÍA, *La mujer y el cuidado de la vida. Comprensión histórica y perspectivas de futuro*, Cuadernos de bioética, XXVIII/2017/3ª.

También resulta evidente el hecho comprobado en las escuelas infantiles de forma reiterada, de que las niñas, en su mayoría, prefieren dibujar rostros y personas, mientras que los varones suelen pintar objetos en movimiento[24]. ¿Es esto cultura? ¿un aprendizaje social? Nadie les ha enseñado a reaccionar así; no ha habido suficiente tiempo para ello. Lo llevan implícito en cada una de las células de su cuerpo.

Naouri, pediatra, lo ha vivido constantemente en su amplia experiencia clínica: «Esas niñas que podemos descubrir en los parques, recreos, guarderías o salas de espera de los pediatras, deseosas de socorrer o de consolar al niño o la niña que sufre y llora. Mientras que el varón de su edad aprovecha el momento para arrebatarle el juguete al niño desconsolado, ellas inventan miradas, gestos y caricias. Le traen de nuevo el juguete perdido o le ofrecen otro, y saben adornar con todo tipo de atractivos utilizando la voz y las palabras. Eres una *"madrecita"* se ve uno tentado de susurrarles para disimular la emoción que provoca su ingenio»[25].

Lo paradójico de esta situación es que en un momento histórico en el que las diferencias sexuales y la alteridad sexual se niegan de forma vehemente, reconociéndose incluso por ley un igualitarismo masificador y neutralizante de los sexos, la ciencia, en especial

---

[24] Los datos exactos de las diferencias entre los sexos señaladas se encuentran en mis obras: *Los niños con los niños, las niñas con las niñas*, ed. Almuzara, 2005; *La educación diferenciada. Regreso al futuro*, ed. Iustel, 2016; *Hombres y mujeres. Cerebro y educación*, ed. Almuzara, 2008; *Guía para una educación diferenciada*, ed. Toromítico, 2009; *Educando para la igualdad*, ed. EUNSA, 2011.

[25] A. NAOURI, *Padres permisivos, hijos tiranos*, Ediciones B, 2005, p. 158.

la neurociencia, avanza afirmando categóricamente lo contrario: la existencia de un dimorfismo sexual; que cada una de las células de nuestro cuerpo es femenina o masculina; que el sexo es constitutivo de la persona; que la diferencia sexual es biológicamente irreductible; que nacemos como hombres y mujeres; que la biología nos marca y existen elementos naturales inmodificables por la educación y cultura[26].

Como señala Hadjadj, el hombre y la mujer poseen igual naturaleza humana, y en eso son semejantes, pero cada uno de ellos la lleva a la perfección por caminos diferentes, y en eso su disimilitud es de lo más sorprendente, porque se presenta en la igualdad misma, desarrolla una separación en la unidad, despliega una alteridad personal en la identidad de naturalezas[27].

Decir que somos una construcción social es una ofensa para todas aquellas que lucharon, muchas dando su vida, por los derechos de la mujer. Pero, sobre todo, es una mentira que contradice la ciencia y la verdad. El poder de lo inauténtico es inmenso en estos días. Nadie está bien cuando vive en el autoengaño, porque se

---

[26] Los últimos descubrimientos de la neurociencia establecen una conexión incontrovertible entre cerebro, hormonas y comportamientos. El dimorfismo sexual existe ya desde el primer cuerpo unicelular humano, llamado cigoto. J. DE IRALA, "Epidemiología de las diferencias psicopatológicas entre hombres y mujeres", en la obra colectiva: *Mujer y varón. ¿Misterio o autoconstrucción?* ed. UFV, 2008. Para la neuróloga María Gudín: «La persona humana es hombre o mujer, y lleva inscrita esa condición en todo su ser. Cada célula, órgano y función son sexuados. También nuestro psiquismo. Y esto va a afectar al comportamiento de cada ser humano». M. GUDÍN, *Cerebro y afectividad*, ed. EUNSA, 2001.

[27] F. HADJADJ, *¿Qué es una familia? La trascendencia en paños menores y otras consideraciones ultrasexistas*, ed. Nuevo Inicio, 2015, p. 77.

76

trata de una vida que no se vive plenamente, ya que se desvió del plan de la realidad[28]. Como indica Guardini, cuando el ser humano se aleja de la verdad, enferma[29].

MUJER DESHUMANIZADA. LA SUBLIMACIÓN DE LOS SENTIMIENTOS EN DETRIMENTO DE LA RAZÓN

Otro fenómeno delirante propio de la hipermodernidad ha sido la anulación de la razón, olvidando cómo, desde los inicios de nuestra civilización, los grandes pensadores clásicos nos instaban a su uso para templar las pasiones y, por lo tanto, humanizarnos y diferenciarnos de los animales. A cambio, se han sublimado los deseos, las emociones, los sentimientos; dejando la ética —entendida en el sentido clásico de doctrina de la vida recta— degradada a "ciencia melancólica"[30]. Hoy vivimos la cultura de las pasiones.

Es indudable, como afirma Heiddeger, que la dimensión emocional es constitutiva de nuestra existencia, en el sentido de que la existencia siempre está emocionalmente coloreada, hasta el punto que podemos decir que "la tonalidad emocional nos asalta". Los sentimientos son una parte tan esencial de la vida que impregna todo el flujo de la mente, y colorean con su propia calidad todo lo que tocan, cada acto del pensamiento. Por ello,

---

[28] L. MORTARI, *Cuidarse. Una ética de la delicadeza*, ed. Encuentro, Colección nuevo ensayo, n. 94, 2022, p. 81.

[29] R. GUARDINI, *Aceptarse a uno mismo. Solo quien sabe de Dios conoce al hombre*, ed. Rialp, 2023.

[30] J. HABERMAS, *El futuro de la naturaleza humana, ¿hacia una eugenesia liberal?*, Biblioteca del presente, 20, ed. Paidós, 2001, p. 11.

«la inteligencia tiene que hacer uso de la mirada del sentir»[31]. Del mismo modo, señala Stein, la racionalidad debe ceñirse asimismo al "sentir interior".

Pero el sentir no debe producirse en un estado de irreflexión. Las emociones, los sentimientos, los deseos, pueden ser irracionales cuando las convicciones en que se basan son falsas o injustificadas. Debemos tener entonces una "visión cognitiva de las emociones" (Stein) para que los sentimientos no se tornen irracionales. El desorden en los sentimientos provoca desorden en la propia existencia.

Actualmente, actuar impulsivamente se considera sinónimo de libertad. Pero la impulsividad es reflejo de inmadurez afectiva, querer dejar al margen lo que me hace sufrir o sentirme mal (como escuchar el latido cardiaco del feto en el seno materno cuando la mujer se está planteando un posible aborto) a la mayor velocidad posible, «hacer zapping y pasar a otra cosa»[32], a algo más agradable. Y así se nos pasa la vida y envejecemos sin llegar a madurar, infantilizados en cuerpos adultos.

La libertad hoy en día consiste en dar rienda suelta a los impulsos más básicos. Ninguna época ha exaltado como la nuestra el derecho democrático al goce sin inhibiciones ni restricciones. Estamos ante una especie de «naturalismo redivivo en el que la satisfacción sexual constituye la razón irrenunciable de la vida. Nuestra época ha emancipado el deseo de toda dialéctica moral.

---

[31] L. MORTARI, *Cuidarse. Una ética de la delicadeza*, ed. Encuentro, Colección nuevo ensayo, n. 94, 2022.

[32] F. HADJADJ, *¿Por qué dar la vida a un mortal? Y otras lecciones*, ed. Rialp, 2020, p. 177.

El derecho a un goce carente de vínculos, anónimo, compulsivo, instintivo. Sin embargo, la vida sexual de los seres humanos excede constitutivamente el esquematismo biológico del instinto»[33].

La libertad de elegir según el instinto es una contradicción en sus propios términos porque, por definición, el instinto no es libre: por eso es necesario acogerlo y escucharlo, pero también hay que integrarlo con la razón[34].

La realidad es que, si actuamos por pulsiones, ignorando la razón, nos animalizamos, nos deshominizamos. La racionalidad está en la esencia del ser humano y nos conmina a actuar bajo máximas que pueden convertirse en ley universal[35]. El racionalismo es algo que «tenemos en la sangre de una manera mucho más profunda de la que creemos» (Scheler). La ley moral tiene su sede en la razón[36]. La universalidad de la razón no es el lugar donde creyentes y no creyentes se separan, sino donde todo hombre de buena voluntad puede reencontrarse con los demás[37].

Sin razón estamos incapacitados para ser seres virtuosos, pues, como afirmaba Cicerón: «La virtud es la disposición habitual del alma que la pone naturalmente de acuerdo con la razón»[38].

Nos hallamos actualmente ante la sublimación de lo sensorial ligada a lo experimental. La vida solo merece

---

[33] M. RECALCATI, ¿Existe la relación sexual?, ed. Herder, 2023, pp. 20-21.
[34] M. CERIOTTI, Perfectos imperfectos, ed. Rialp. 2023, p. 63.
[35] R. SCRUTON, Sobre la naturaleza humana, ed. Rialp, 2018, p. 26.
[36] B-CHUL HAN, La salvación de lo bello, ed. Herder, 2022, p. 61.
[37] H. MARÍN, El hombre y sus alrededores. Estudios de filosofía del hombre y de la cultura, Ediciones Cristiandad, 2013, p.223.
[38] CICERÓN, De inventione, 2, 159.

la pena ser vivida si supone una concatenación de experiencias sensitivas y emocionantes intensas. Pero, al usar criterios emocionales en detrimento de los racionales, los proyectos carecen de base sólida, lo que provocará su desistimiento o fracaso en un corto plazo. La realidad debe adaptarse a mis emociones. La ley debe ceñirse a mis deseos, cuya satisfacción se convierte en un derecho inalienable. Todo es justificable sobre la base de mis sentimientos, que además suelen ser infantiles e inmaduros por la ausencia total del componente racional. Estamos presenciando un desbordamiento de la emoción subjetiva, una emotividad explosiva.

Al desechar la razón, nos deshumanizamos, nos acercamos a las bestias guiadas por meros estímulos sensitivos. Esta actitud generalizada en la sociedad actual mina paulatinamente las propias bases de nuestra civilización occidental pues, recordemos que Freud señalaba que la civilización comienza precisamente con el control de los impulsos[39]. En el reino de las pulsiones, abandonamos la tribu y nos sumergimos en la horda salvaje.

Movidos por impulsos, perdemos la libertad, pues, la cultura cristiana proyecta sobre un horizonte teológico la idea grecorromana de libertad como señorío de uno mismo[40]. Estamos destruyendo la libertad en nombre de la libertad[41].

---

[39] S. Freud, *El malestar en la cultura*, 1929.

[40] H. Marín, *El hombre y sus alrededores. Estudios de filosofía y del hombre y de la cultura*, Ediciones Cristiandad, 2013, p. 105.

[41] G. Kuby, *La revolución sexual global. La destrucción de la libertad en nombre de la libertad*, ed. Didaskalos, 2017.

La muerte de la razón implica necesariamente la muerte del derecho tal y como lo habíamos conocido hasta ahora: el uso de la razón para la consecución del bien común, en palabras de Santo Tomás de Aquino. Ahora, sin embargo, «mi deseo es la Ley»[42]. Desde las mismas instancias públicas y políticas se está promoviendo una antropología del sujeto caprichoso mediante la masiva identificación de los deseos con necesidades/derechos. Y quien experimenta sus deseos como si fueran necesidades está abocado a no poder mirar más allá de la imperativa necesidad de satisfacerlos como si de una cuestión de vida o muerte se tratase. En este modelo antropológico hay latente un infantilismo moral y psicológico con la consiguiente incapacidad para tolerar la frustración de los deseos[43].

Las pulsiones y pasiones son siempre individualistas, por lo tanto, vividas como algo antisocial[44]. «Este es el callejón sin salida de la soberbia autorreferencial del individuo, sin vínculos, normas y límites, alimentada por una cultura relativista y hedonista por la que los propios deseos pretenden ser convertidos en derechos, aunque se trate de crímenes abominables contra la vida como es el caso del aborto»[45].

---

[42] Expresión que da título a la obra de GRÉGOR PUPPINCK, *Mi deseo es la ley. Los derechos del hombre sin naturaleza*, ed. Nuevo ensayo, 2020.

[43] H. MARÍN, *El hombre y sus alrededores. Estudios de filosofía del hombre y de la cultura*, Ediciones Cristiandad, 2013, pp. 92-115.

[44] R. NEUBURGER, *Existir. El más íntimo y frágil de los sentimientos*, ed. Kairós, 2020, p. 107.

[45] M. GUZMÁN CARRIQUIRY LECOUR, *La dignidad, razonabilidad y belleza de ser cristiano. Implicaciones para la Universidad, Lectio inauguralis* del año académico 2012.

Se ha glorificado la liberación del deseo. Lo que emociona se considera auténtico, seguir el propio instinto, sin dar cabida a la razón, se considera liberador. El "emotivismo" está en alza; corriente de pensamiento asentada durante la segunda mitad del siglo XX y que justifica cualquier decisión "si sale del corazón". Para el emotivista no hay nada más allá de su experiencia personal, ignorando absolutamente el efecto que su decisión pueda tener en terceros o en el ámbito público[46]. El emotivista reclama su derecho a despreocuparse de los que le rodean.

Además, todo deseo individual asentado con rasgos de progreso no admite ninguna crítica racional, aunque provenga de datos científicos o de la experiencia empírica de expertos. En la hipermodernidad los deseos son todo lo que el individuo siente como favorable a su realización integral y, por consiguiente, a su felicidad. El deseo es, antes que la razón, la expresión más directa y pura del espíritu individual. La tendencia a hacer primar el deseo sobre la razón mantiene al individuo en una actitud adolescente, pues aquel carece de límite natural y, revestido de principio de legitimidad, no puede ser puesto en tela de juicio. Los deseos, incluso los más irracionales, son intocables[47].

El deseo es autorreferencial, egoísta, narcisista e inmaduro y, además, como señala Recalcati, tiene esa característica un poco nihilista de llevarnos de un objeto

---

[46] Vid. al respecto, N. CHINCHILLA y C. MORAGAS, *Cuando las emociones mandan*, La Vanguardia, 20/09/11.

[47] G. PUPPINCK, *Mi deseo es la ley. Los derechos de los hombres sin naturaleza*, ed. Sallux, 2020, p. 112-113.

a otro sin que ninguno logre satisfacer nuestras vidas, porque en el mito postmoderno de lo nuevo verificamos que la insatisfacción siempre es la misma[48]. Con una atormentante sensación de vacío uno gira ya solo en torno a sí mismo.

Sin embargo, como señala Bauman, mientras que el deseo es centrípeto y esclavizante, el amor es centrífugo y liberador[49]. En palabras de Rilke: «Amar es más bien una oportunidad, un motivo sublime, que se ofrece a cada individuo para madurar y llegar a ser algo en sí mismo; para volverse mundo, todo un mundo por amor a otro»[50].

Ante esta situación, resulta urgente atender a la recomendación de Benedicto XVI y ser capaces de abrirnos sin miedo a "la amplitud de la razón"[51].

MUJER SIN TRASCENDENCIA. LA IDOLATRÍA DEL YO

Hace tiempo que las imágenes religiosas y metafísicas del mundo perdieron su fuerza de vinculación general y que las enseñanzas de la tradición judeocristiana son desechadas en Occidente como algo trasnochado. Estamos presenciando una secularización incesante de la

[48] M. RECALCATI, *La fuerza del deseo*, ed. Spirito, 2018, p. 58.

[49] Z. BAUMAN, *Amor líquido. Sobre la fragilidad de los vínculos humanos*, ed. Paidós, 2018.

[50] R. MARIA RILKE, *Cartas a un joven poeta*, ed. Alianza, 2020.

[51] BENEDICTO XVI: «Solo lo lograremos si la razón y la fe se reencuentran de un modo nuevo, si superamos la limitación que la razón se impone a sí misma de reducirse a lo que se puede verificar con la experimentación, y le volvemos a abrir sus horizontes en toda su amplitud», conferencia en Ratisbona, 2006.

sociedad. Y la religión se ve como un lastre que ha torcido el progreso de los saberes[52].

Hemos perdido toda referencia a lo divino, a lo sagrado, a lo infinito, a lo superior, al misterio. La pérdida de creencias, que afecta no solo a Dios o al más allá, sino también a la realidad misma, hace que la vida humana se convierta en algo totalmente efímero. La vida nunca ha sido tan efímera como ahora[53].

Actualmente, que la fragilidad humana en los países desarrollados no es tan explícita, el ser humano ha dejado de experimentar la necesidad de Dios. El avance magnífico de la medicina y de la técnica, nos ha proporcionado una calidad de vida que, junto con la ocultación de la enfermedad y la muerte, nos ha permitido renunciar a creer en un ser superior a nosotros mismos, nos hemos liberado de las cadenas obsoletas que nos ataban a un pasado humillante y nos hemos emancipado del Creador. Pero quien ignora al Creador acaba olvidando a la criatura.

Como señala Onfrey: «La potencia de una civilización casa siempre con la potencia de la religión que la legitima; la religión entendida, no tanto como práctica religiosa, sino como conjunto de ritos y costumbres, fiestas y concepto de lo sagrado que ha pasado de generación en generación. Cuando la religión está en fase ascendente, la civilización lo está igualmente; cuando se encuentra en fase descendente, la civilización decae; cuando la religión muere, la civilización fallece con ella»[54].

---

[52] H. MARÍN, *El hombre y sus alrededores. Estudios de filosofía del hombre y de la cultura*, Ediciones Cristiandad, 2013, p. 216.

[53] B-CHUL HAN, *La sociedad el cansancio*, ed. Herder, 2023, p. 43.

[54] M. ONFRAY, *Decadencia, segundo volumen de la obra, Breve enciclopedia del mundo*, ed. Paidós, 2018.

Estamos viviendo lo que Hölderlin llamó "el tiempo de la indigencia", ese en el que los antiguos dioses han desaparecido y los venideros, si es que los hubiere, no han llegado todavía. Un tiempo en el que, habiendo perdido la conciencia de lo sagrado, peregrinamos hacia la nada[55].

Beauvoir creía, que la sabiduría cristiana, especialmente la católica, es «responsable de la deplorable y humillante situación en la que se encuentran las mujeres»[56]. Sin embargo, perdida la trascendencia, la omnipotencia, la omnisciencia, y la dirección del destino se han convertido en cualidades humanas[57]. Dejar al lado la búsqueda de nuestra propia trascendencia, significa arriesgarnos a que nuestra alma enferme tomando formas que «desertifican una existencia perdida»[58].

Liberada de Dios, la mujer se malinterpreta, se desnorta, se vuelve incomprensible para sí misma, cae en la idolatría del yo, y ella misma se confiere la propiedad sobre la vida humana de un modo casi omnipotente. Si Dios no existe, como afirmaba Dostoievski, "todo está permitido"; incluida la posibilidad de decidir si traer vida al mundo o no, o qué hijo tiene el derecho a la vida y cual no.

Asimismo, la visión trascendente de la vida que poseía la mayor parte de la sociedad, creyente o no, permitía

---

[55] F. HÖLDERLIN (1770-1843).

[56] S. DE BEAUVOIR, *The second sex*, Nueva York, ed. Alfred Knopf, 1993, p. 97.

[57] R. GUARDINI, *Aceptarse a uno mismo. Solo quien sabe de Dios conoce al hombre*, ed. Rialp, 2023, p. 57.

[58] L. MORTATI, *Cuidarse, Una ética de la delicadeza*, ed. Encuentro, 2022, p. 13.

tener al menos una respuesta básica a la pregunta más extendida actualmente, ¿quién soy?: hijo de Dios.

También los no creyentes se beneficiaban de la trascendencia o de las raíces cristianas pues, aun habiendo rechazado ideas y doctrinas metafísicas, seguían habitando en un mundo construido sobre la fe, un mundo de compromisos seguros, donde lo sagrado, lo prohibido y lo sacramental estaban ampliamente reconocidos y socialmente respaldados[59].

Pero sin Dios no hay esperanza y sin esperanza no hay moral. Como decía Santo Tomás: «Por el acto de esperanza se siente inducido el hombre a la observancia de los preceptos».

En esa perspectiva de un hombre privado de su alma y, por tanto, de una relación personal con el Creador, todo lo que es técnicamente posible se convierte en moralmente lícito, cada experimento resulta aceptable, cada política demográfica consentida, cada manipulación legitimada.

Técnicamente posible (y legal) lo es prácticamente todo actualmente; lo que concede a la mujer un poder extraordinario y aterrador. Planeando sobre ella el fantasma de apropiación de la vida, queda en sus manos decidir cuándo traer vida: con capacidad generativa o no. Cómo traer vida: sin amor, sin sexo, sin padre (basta un donante anónimo de un gameto masculino)[60],

---

[59] R. SCRUTON, *Cómo ser conservador*, ed. Homo Legens, 2020, p. 271.

[60] En España, la Ley de Reproducción Asistida de 2006 garantiza que la donación sea anónima. En España, nacieron en 2017 unos 34 000 niños por reproducción asistida. De ellos, muchos no conocerán sus orígenes genéticos. Según datos de la Sociedad Española de Fertilidad, de los casi 141 000 ciclos de reproducción asistida realizados en 2017, en torno al

incluso sin cuerpo, mediante la monstruosidad de la industria de compraventa de vida humana que llamamos eufemísticamente "maternidad subrogada", que transforma a la madre biológica en mero contenedor de un producto que además ha de ser fabricado según las exigencias del consumidor que lo encargó y que debe adaptarse a la perfección a nuestros proyectos. Asimismo, la ectogénesis o utilización de úteros artificiales y tecnología controlada por una inteligencia artificial que monitorea constantemente los embriones y ajusta en tiempo real los niveles necesarios para su correcto desarrollo, será posible en un futuro cercano; una forma de externalizar el embarazo que, además de ahorrar el

---

40 % se hicieron con gametos o embriones donados. Y como la legislación española establece el anonimato del donante, los bebés así nacidos no tendrán la posibilidad de acceder a un dato fundamental para establecer su identidad. En Europa el 63 % de los óvulos donados proceden de España. Vid. al respecto el libro de J. BACARDIT, *El precio de ser madre*, ed. Apostroph, 2020.

Hasta no hace mucho, el anonimato se consideraba como una concesión necesaria para garantizar las donaciones de esperma y de ovocitos que se entendía como un derecho superior al de los hijos concebidos a conocer su herencia genética. Sin embargo, hoy es discutido por varios motivos: muchos hijos concebidos por técnicas de reproducción asistida son ahora adultos que reconocen en sus progenitores biológicos la pieza perdida que necesitan para comprender su identidad. Además, alegan razones médicas para conocer su herencia biológica. Todo ello, unido al hecho de que cada vez son más (en 2020, el 8 % de los niños nacidos en España habían sido concebidos por reproducción asistida), ha provocado una presión para revisar esta ley que garantiza el anonimato. La industria se queja de las consecuencias de vetar el anonimato, mientras los hijos aseguran que sus intereses priman sobre los de los donantes, puesto que ellos nunca pidieron ser concebidos de esta manera. Conocer la identidad de sus padres no es únicamente una exigencia legal, sino sobre todo una necesidad psicológica y espiritual.

desgaste corporal a la mujer, en términos económicos podría evitar las pérdidas por bajas maternales[61].

Una sociedad que admite el "alquiler" de mujeres y "compraventa" de seres humanos es una sociedad enferma, que no valora en nada el proceso de la maternidad, ni el papel profundo y trascendental que la madre cumple en el mismo.

Y también tenemos el poder de traer hijos sin defectos: porque la ley nos permite aspirar al hijo perfecto, sin carencias, ni imperfecciones, pudiendo desechar aquellos

---

[61] La ectogénesis, se trata de una práctica por la cual se desarrollan embriones en un entorno ajeno a un cuerpo donde suelen formarse hasta el nacimiento. Esto es, en el caso de los seres humanos, gestar bebés en úteros artificiales, fuera del propio cuerpo de su madre, hasta su nacimiento. Un progreso técnico que, como señala Puppinck, permite ser transhumano de una forma menos inhumana, es decir, menos violenta para la mujer. G. PUPPINCK, *Mi deseo es la ley. Los derechos del hombre sin naturaleza,* ediciones Encuentro, 2020, p. 212.

Los avances científicos que persiguen mejorar la supervivencia de grandes prematuros, como el útero o placenta artificiales, suponen un logro en neonatología que permitirá que muchos niños nacidos alrededor de la semana 24 de gestación tengan muchas más posibilidades de supervivencia sin secuelas. Pero debe advertirse que los intentos de utilizar estos avances como una forma sustitutiva de la gestación, encuadrada dentro de las técnicas de reproducción asistida, que abarcaría desde la obtención de los propios embriones, bien por fecundación o por procedimientos sintéticos a partir de células troncales, junto a la utilización de úteros y placentas artificiales que pudieran completar las distintas etapas de desarrollo embrionario y fetal, permitiendo el proceso íntegro de forma extracorpórea, suponen un grave atentado contra la génesis y desarrollo de los seres humanos que son privados del entorno natural que permite el complejo y aún desconocido proceso de desarrollo en interacción con la madre gestante, del cual dependerá su integridad futura como individuo. Observatorio de Bioética de la Universidad Católica de Valencia. Explorando los límites: investigaciones pioneras sobre el crecimiento fetal fuera del útero materno, julio 2023.

embriones en los que exista alguna sospecha de tara genética[62]. Hoy es posible la selección de características concretas del hijo, como el sexo, existiendo también la posibilidad de exigir, mediante pruebas genéticas de los donantes y estudios cromosómicos, la seguridad de que el hijo estará sano[63]. La ingeniería genética, desnaturalizada y al margen de cualquier ética posible, se aventura a afirmar que en un corto plazo podrá ofrecer a los clientes la

---

[62] No podemos ignorar la manipulación de embriones que se encuentra detrás de la industria dedicada a la reproducción asistida: «Si extraen diez óvulos fecundan unos ocho, y de estos ocho al quinto día solo quedan cuatro, porque el resto han muerto o no han crecido lo suficiente». Incluyendo las implicaciones éticas de la "crioconservación" o congelación de embriones. En España, actualmente, se conservan decenas de miles de embriones congelados. Solo en Estados Unidos en 2016 había una reserva de más de medio millón de embriones a la espera de que los progenitores decidieran transferirlos, destruirlos o donarlos a la ciencia. Vid. al respecto, J. BACARDIT, *El precio de ser madre,* ed. Apostroph, 2020.

[63] El diagnóstico genético preimplantacional consiste en detectar y descalificar aquellos embriones que presenten enfermedades genéticas que no hayan aparecido en los cariotipos del óvulo y el espermatozoide originarios. Esta técnica está permitida en España para evitar el nacimiento de personas con enfermedades genéticas incurables. En otros países, como Alemania, esta técnica está prohibida por su extremada relación con la eugenesia. La selección eugenésica es una condición de las técnicas de reproducción asistida. La falta de "calidad del producto" devendrá reclamable (como ya ha sucedido en los casos de diagnóstico prenatal fallido —*wrongful life*—, en los que la posibilidad de abortar está abierta, y por lo tanto la vida del hijo se objetiviza, pasa a ser objeto de derecho). Pero la contractualización puede tener implicaciones imprevistas, como la reversibilidad del vínculo si el objeto no reúne las condiciones deseadas o establecidas (como ya ha sucedido en caso de maternidad por subrogación). No estamos lejos de que, admitido este criterio en un tipo de filiación, empiece a pensarse respecto de otros, como la adopción contractualizada, donde la reversión podría plantearse. Dra. ÚRSULA C. BASSET, La filiación mediante técnicas de reproducción asistida: lo desencarnado de lo entrañable, 7/2015, ESCRITOS JURÍDICOS TFW.

oportunidad de diseñar genéticamente el embrión –gracias a la herramienta de edición de genes CRISPR-Cas 9– para elegir color de ojos, cabello, tono de piel e incluso nivel de inteligencia[64].

Si se pasa del nacimiento a la fabricación del hijo, exigir un individuo sin defecto alguno es de una moralidad total ¿qué padres planificarían el nacimiento de un hijo genéticamente defectuoso?[65].

El amor materno deja, en estos casos, como afirma Recalcati, lugar a su "transfiguración perversa"; la alegría de la maternidad ya no es la de dar vida, sino solo la de "tener un hijo ideal" para reflejar en la imagen del hijo su propia imagen narcisista[66]. En estas circunstancias, la madre se siente como una creadora omnipotente de vida. Esta decisión genera al mismo tiempo una abrumadora responsabilidad que inevitablemente provoca, por la grandeza y trascendencia de la misma, ansiedad y estrés en la mujer dominadora de todo el proceso; lo que no contribuye en absoluto a la crianza ideal de los hijos.

En este sentido, señala Habermas que, el diseñador que sigue sus propias preferencias encauza de una manera no revisable la vida y la identidad de otra persona

---

[64] La edición genómica por nucleasa estándar (CRISPR-Cas9) es capaz de cortar la molécula de ADN en sitios específicos, en base a uno o dos ARN guías específicos. Gracias a ello, puede utilizarse para corregir mutaciones, suprimir e insertar secuencias de ADN e incluso para inactivar genes concretos.

[65] F. HADJADJ, ¿Qué es la familia? La trascendencia en paños menores, ed. Nuevo Inicio, 2015, p. 136.

[66] M. RECALCATI, Las manos de la madre. Deseo. Fantasmas y herencia de lo materno, ed. Anagrama, 2018, p. 101.

sin necesidad de suponer al menos contrafácticamente la conformidad de esta. Esto constituye una intrusión en el núcleo, protegido deontológicamente, de una futura persona[67].

Sin trascendencia perdemos de vista que la disposición genética del recién nacido, es decir, las condiciones orgánicas de partida para la futura biografía de este, deben quedar sustraídas por completo a toda programación y manipulación intencionada de otras personas; so pena de convertir al individuo en un producto moldeable y susceptible de ser diseñado según el parecer de terceros. En estas condiciones, como señala Habermas, los descendientes podrían pedir cuentas a los productores de su genoma y hacerles responsables de las consecuencias indeseables desde su punto de vista, de la disposición orgánica de partida de su biografía[68].

De este modo, el hijo no es fruto de las entrañas sino producto de síntesis; no nace por medio de la fructificación, sino de la fabricación[69].

Sin una vocación sobre una llamada que no viene de este mundo y que confiere a las cosas un valor eterno, el disgusto hacia la vida no deja de infiltrarse[70]. La mujer no puede entenderse a sí misma, partiendo de sí misma. Pretender encontrar una respuesta desde la autorreferencialidad nos conduce a la absolutización

---

[67] J. HABERMAS, *El futuro de la naturaleza humana, ¿hacia una eugenesia liberal?*, Biblioteca del presente, 20, ed. Paidós, 2001, p. 114.

[68] J. HABERMAS, *El futuro de la naturaleza humana, ¿hacia una eugenesia liberal?*, Biblioteca del presente, 20, ed. Paidós, 2001, p. 26.

[69] F. HADJADJ, *¿Por qué dar la vida a un mortal? Y otras lecciones*, ed. Rialp, 2020, p. 28.

[70] Ibídem, p. 127.

del ser humano. La pregunta de la existencia ¿por qué soy quién soy? solo puede responderse en relación con Dios. Ese es el alfa y omega de toda sabiduría. El rechazo a la arrogancia. La fidelidad a lo real. La limpieza y la decisión de ser una misma y, por lo tanto, la raíz del carácter[71]. Como afirmaba Burggraf, somos más fuertes cuanto más somos nosotros mismos, cuando asumimos nuestra realidad.

---

[71] R. GUARDINI, *Aceptarse a uno mismo. Solo quien sabe de Dios conoce al hombre*, ed. Rialp, 2023, p. 27.

4.
DESVIACIONES ACTUALES
DE LA MATERNIDAD

SIN NATURALEZA, RENEGAMOS de nuestra propia esencia y resulta imposible un conocimiento certero y ajustado de quienes somos. *Sin racionalidad,* nos movemos por impulsos, incapacitadas para una reflexión razonada acerca de nuestra identidad y para el análisis crítico de las ideologías que nos tratan de imponer. *Sin trascendencia,* caemos en la idolatría del yo autorreferencial y nos sentimos perdidas. La mujer no sabe quién es, ni cuál es el sentido de su vida. Ha perdido el verdadero significado de sus acciones. Se busca a sí misma y no se encuentra. ¿Cómo ser madre en estas circunstancias?

Hasta ahora se han estudiado los avances y ganancias de las revoluciones feministas. Sin embargo, ocultas bajo esta aparente liberación, existen fuerzas que amenazan con eliminar la feminidad e impedir una verdadera autorrealización personal: la "desfeminización" de la mujer, la renuncia a su propia esencia, especialmente en el ámbito maternal, en el que socialmente estamos experimentando una desculturización de la maternidad que, en consonancia con la deriva de la sociedad actual, se ha vuelto "líquida": frágil, sin contornos definidos, descomprometida, desvinculada emocionalmente, con ausencia de raíces, desarraigada, sin respeto por las enseñanzas de generaciones anteriores, y alimentada por una constante insatisfacción personal[1].

Muchas mujeres (aunque cada vez menos) quieren ser madres, pero no saben exactamente qué implica la función materna. Se ha perdido la noción de lo que significa ser madre en el sentido de entrega, dación de uno mismo, sacrificio (*sacer facere*, generar cosas sagradas), cambio de prioridades, generosidad y, en definitiva, amor. Esto, lejos de ser feminista, resulta profundamente machista, en la medida en que presupone adoptar cualidades y comportamientos masculinos, tanto en el ámbito sexual, como en el profesional y personal.

Registrar los progresos conseguidos no nos debe impedir ser capaces de reconocer, sin nostalgia por tiempos pasados, los eventuales inconvenientes o efectos perversos de estos avances.

La pérdida de autoconocimiento, la incapacidad para responder a la pregunta ¿quién soy yo?, el sometimiento a los patrones "ideales" de mujer que nos vienen impuestos por la sociedad y las leyes, provocan que la mujer se encuentre desubicada respecto de sí misma, y esto afecta indefectiblemente a la maternidad. No sabemos qué

---

[1] Vid. al respecto, Z. BAUMAN, *La modernidad líquida*, Fondo de Cultura Económica de España, 2022.

significa exactamente ser madre. Y esto no solo afecta a la mujer en lo más íntimo de su ser, sino que tiene nefastas consecuencias también para la descendencia.

En consecuencia, se están produciendo "desviaciones" de la maternidad, maternidades "alternativas" que erosionan y diluyen el significado real y magnífico de la expresión "ser madre". El desconocimiento de sí misma, el rechazo de una sexualidad propia diferente de la masculina, la plena disponibilidad sexual, la falta de lazos familiares estructurados y estables, conducen a la mujer a una situación de inestabilidad y desconcierto que, inevitablemente, tiene consecuencias en su devenir psíquico. Pero, el acontecimiento que sin duda más ha afectado a la estabilidad mental y tranquilidad personal de la mujer ha sido el poder absoluto que sobre la generación de la vida le ha sido otorgado por la técnica, con la cobertura del derecho y el apoyo de una gran parte de la sociedad y, por supuesto, de cierto sector de la industria y la economía.

Por medio de la generalización del aborto y de una anticoncepción rutinizada desde que la niña se convierte en mujer, esta adquiere todo el poder sobre la reproducción. La decisión de traer una nueva vida al mundo pasa a depender únicamente de su entera voluntad. Algo que podría parecer un progreso y una liberación femenina, esconde una cara oscura, con nefastas consecuencias sobre la psiquis femenina, pues le concede un poder descomunal sobre la dación o no de vida, al que corresponde una correlativa inmensa responsabilidad.

En este sentido, Ceriotti, habla de "dificultades psíquicas" derivadas de esta tensión interior, "aspectos destructivos" y "desviaciones de la maternidad"[2]. Recalcati, más contundente, se refiere a "declinaciones patológicas" o "inéditas versiones patológicas de la maternidad"[3], que afectan directamente a la salud y bienestar de la madre, y que inevitablemente tienen asimismo consecuencias poco deseables en el devenir psicológico, equilibrio y felicidad de los hijos.

EL ABORTO. LA ELIMINACIÓN DEL HIJO NO DESEADO

Si el actual mantra social nos propone como ideal el modelo de mujer que renuncia expresamente de forma tajante a la maternidad, entendida esta como humillación y sometimiento, entonces nada puede extrañarnos que los hijos se nos muestren como un estorbo, una carga, un fardo. Y que la solución ofrecida sea en muchos casos la terrible obscenidad del aborto[4].

Pero la mujer no está diseñada para traer muerte al mundo, sino para traer vida. Sin embargo, la legislación y parte de la sociedad plantean el aborto como un privilegio propio de los países desarrollados; un avance

---

[2] M. CERIOTTI, *Erótica y materna. Un viaje al universo femenino*, ed. Rialp, 2019, pp. 34 y 65.

[3] M. RECALCATI, *Las manos de la madre. Deseo. Fantasmas y herencia de lo materno*, ed. Anagrama, 2018, p. 13.

[4] El número de abortos que se produjeron en España durante 2022 aumentó un 9 % respecto al año anterior, llegando a registrarse un total de 98 316, lo que supone que 8127 mujeres más abortaron respecto a 2021. El 94,94 % tuvieron lugar sin tener que ser informadas por ningún facultativo, con la única decisión de la mujer. Así se desprende del Registro Estatal de Interrupciones Voluntarias del Embarazo publicado por el Ministerio de Sanidad, 2023.

feminista. Y utilizan un lenguaje teatralizado para suavizar la inmensa gravedad del asunto: "interrupción voluntaria del embarazo"; cuando realmente no se trata de una interrupción, sino de su finalización, tajante y absoluta, y tampoco es enteramente voluntaria, pues la mayoría de las mujeres lo realizan con desinformación o bajo presión (social, ambiental, de la familia o de los propios facultativos).

Esto es una absoluta perversión. El aborto es maltrato y violencia contra la mujer. Es la expresión suprema del antifeminismo. Es nuestra destrucción como mujeres.

La cuestión del aborto tampoco es un mero asunto jurídico como pretenden hacernos creer. Estamos ante una cuestión antropológica y profundamente contraria al feminismo, entendido este como un movimiento de defensa de la mujer. Aceptar el aborto, sea cual sea el tiempo de gestación, la situación de la madre y la salud del feto, es aceptar un daño irreversible en quien lo experimenta, hiere la raíz misma de la naturaleza femenina, supone una fractura ineludible en el corazón de la feminidad que no deja nunca a ninguna mujer que lo ha sufrido indiferente, como han expresado científicos de diferentes tendencias e ideologías, así como las propias mujeres afectadas[5]. Las consecuencias del aborto no son nunca psicológicamente neutras, genera una sensación de culpabilidad inconsciente que es una auténtica bomba psíquica de efecto retardado que siempre acaba por estallar en algún momento de la vida. Aunque se le haga desaparecer del útero, el bebé quedará instaurado en su mente, oculto en el subconsciente, emergiendo

---

[5] *www.afterabortion.com*

en el momento más inesperado, incluso después de muchos años de haber abortado.

Al respecto, afirma el doctor Aldo Naouri, tras décadas de experiencia: «Puedo dar fe de que no he encontrado jamás a una mujer que haya pasado por un aborto, sean cuales sean las circunstancias o su justificación, que no guarde una huella profunda e indeleble»[6].

El aborto nada tiene que ver con la "salud reproductiva", sino con la psicológica, que queda afectada de por vida. El aborto es un acontecimiento estresante y profundamente traumático para muchas mujeres. Solo el posterior perdón a una misma obrará el milagro, siempre posible, de transformar las cicatrices en poesía, como tantas veces sucede[7].

Nadie nos avisó de que la liberación femenina implicaría nuestra propia destrucción. Autorrealización y autodestrucción son ahora una misma cosa.

La realidad es que el feminismo nunca se ha encargado de la maternidad. "La tiranía de la procreación", tan propugnada desde los sesenta, nos ha hecho creer que los hijos son una enfermedad, un obstáculo a nuestra realización personal, un problema que debemos solucionar y debemos hacerlo solas. La soledad es peor enemigo de la maternidad[8]. Lo más obsceno es que se trate de convencer a las mujeres que son sometidas a la

---

[6] A NAOURI, *Padres permisivos, hijos tiranos*, Ediciones B, 2005, p. 305.

[7] Como señala Recalcati, la tarea del perdón no borra el trauma de la pérdida, no puede borrarlo, solo intentar reelaborarlo simbólicamente. M. RECALCATI, *Retén el beso*, ed. Anagrama, 2023, p. 80.

[8] Según el estudio "Las invisibles", realizado por la asociación "Yo no renuncio" en 2020, 7 de cada 10 mujeres encuestadas declaran sentirse solas en la maternidad.

tortura física y psíquica del aborto de que han sido objeto de algún tipo de derecho, haciendo parecer una conquista lo que es una nueva imposición que nos destruye. El aborto nos retrotrae a tiempos pretéritos anteriores a la civilización, pues es, al fin y al cabo, un sacrificio humano; sacrifico la vida del hijo para tener yo una vida mejor. Objetivo que, sin embargo, no llega a realizarse nunca, dado el daño intrínseco que este acto provoca de por vida en la mujer que, engañada por este mantra social o por otro tipo de presiones, lo lleva a cabo.

Que la mujer se vea avocada al aborto por múltiples circunstancias (presión social, permisividad legal, miedo, desinformación, maltrato, falta de recursos económicos...) es sin duda un fracaso del feminismo y de la igualdad. No hay igualdad para las mujeres que van a ser madre cuyo valor social parece ser menor al de aquellas que optan por renunciar a la maternidad en beneficio de su desarrollo profesional y libertad personal. Ofrecer, instar, presionar a la mujer para traer muerte al mundo, cuando aquella por naturaleza está orientada de manera especial hacia la vida, es violencia, física y psíquica, contra la mujer.

Las mujeres nos hacemos, pero también nacemos. Estamos hechas de cultura, pero mal que le pese a los admiradores de Beauvoir, también estamos hechas de naturaleza. Y esta nos ha diseñado para traer vida al mundo, lo realicemos en acto o no, lo materialicemos o no, tenemos una huella psicológico materna imborrable; esa potencialidad está implícita en cada una de las células de nuestro cuerpo. Y es un poder magnífico, la capacidad de transformar la tierra. Como afirma, Recalcati: «Es el milagro de la generación como corte irreversible en el discurrir del tiempo, como transformación sin retorno de la faz del mundo»[9]. Cada vez que nace un nuevo ser el mundo no vuelve a ser el mismo, progresa, avanza, se renueva, tenemos la oportunidad de comenzar de cero y hacer de este un lugar mejor.

Además, favorecer el aborto es torpe desde el punto un punto de vista práctico, estratégico o incluso de ingeniería social, en un momento en el que España se muere de vieja sin un relevo generacional[10]. Necesitamos niños. Pero la sociedad también necesita madres, porque la mujer que se ha abierto a la maternidad también experimenta un cambio en su neuroquímica cerebral que le aporta una serie de habilidades imprescindibles y muy valiosas en el ámbito laboral, profesional y social: capacidad de simultanear tareas y pensamientos; discernimiento entre lo importante y lo urgente; paciencia casi ilimitada; empatía; comunicación; comprensión; resolución de conflictos pacíficamente; creatividad frente a situaciones inesperadas: humanidad. La mujer que ha sido madre se libera de todo atisbo de mediocridad y se torna excepcional.

No existe un derecho al aborto. Existe un derecho a la vida (art.3 de la Declaración Universal de Derechos Humanos) y a la dignidad personal; teniendo en cuenta que, como afirma Arendt: «La dignidad es el derecho a la vida, otorgado por la sociedad». Tenemos una sociedad enferma, que no otorga esa dignidad al discapacitado, al anciano, al no nacido, ni a la mujer embarazada.

---

[9] M. RECALCATI, *Las manos de la madre. Deseo, fantasmas y herencia de lo materno*, ed. Anagrama, 2018, pp. 33 y 88.

[10] España se convertirá a mediados de siglo en el segundo país más envejecido de la OCDE, después de Japón.

LA MATERNIDAD INTERESADA. LA "NIÑOFAGIA" O EL HIJO COMO PROPIEDAD

Algunas mujeres, dominadas por la mística de la feminidad actual, dieron prioridad absoluta a su desarrollo personal y profesional, retrasando o aplazando la maternidad, suponiendo que el momento propicio llegaría más tarde o descartándola absolutamente de sus planes vitales[11]. Pero, pasado el tiempo, se encuentran en la madurez de la vida, e incluso cuando ya no tienen capacidad generativa, con una soledad que se les antoja insoportable y buscan una "solución" a esa sensación interna de vacío y fragmentación. Y adoptan la decisión omnipotente de tener un hijo que las acompañe, consuele y solucione su vacuidad interior. Algo que no resulta una quimera, pues actualmente la técnica y el derecho se lo permiten, por medio de técnicas de reproducción asistida[12].

---

[11] El retraso en la edad para ser madre es un fenómeno mundial, pero en el supuesto de España es paradigmático: hace décadas que el índice de fertilidad se mantiene a duras penas por encima del 1 %. En 2021, una de cada cinco mujeres en edad de procrear no tiene hijos, y el 80 % de ellas, según la fundación británica Oxleas, no los tienen porque las circunstancias no se lo permiten.

[12] En España, a diferencia de la legislación de otros países, no hay límite de edad para someterse a una fecundación con técnicas de reproducción asistida. En la sanidad pública se limita el acceso a las mismas a mayores de 40 años (recientemente ampliado en la Comunidad de Madrid a 45 años) pero en la sanidad privada no hay límite, aunque se recomienda no someterse a fecundación in vitro a partir de los 50. Según Moratalla, se pretende eliminar el límite natural del periodo de fertilidad femenina, extendiéndolo en el tiempo, sobre la base de reprogramar células somáticas a ovocitos, o de crioconservar en bancos los gametos de las jóvenes, de forma que puedan elegir cuándo ser madre. N. LÓPEZ MORATALLA,

La razón para ser madre en muchos de estos casos esconde un interés egoísta intrínseco: el deseo de tener compañía en la soledad; encontrar un relleno para mis vacíos existenciales; la solución a mi angustia vital; que la criatura otorgue un "sentido" a mi vida. El hijo es pensado en el contexto de una proyección individual.

En estas circunstancias, la responsabilidad que pesa sobre la mujer es abrumadora y es lógico que experimente sensaciones de miedo ante la decisión de una maternidad predeterminada, planificada, programada, en la que nada prácticamente queda abierto a la contingencia e improvisación.

Las clínicas de fertilidad plantean de forma emotivista la obtención de un hijo como un proceso edulcorado por el márquetin del negocio de la reproducción asistida, lleno de satisfacción y que proporcionará plenitud. Sin embargo, esta realidad maquillada, esconde su cara perversa: la incertidumbre, la manipulación física de la mujer, que implica dolores y molestias considerables, la pérdida de control sobre el propio cuerpo, la medicalización exhaustiva y la frustración por un resultado que muchas veces nunca llega a pesar de los reiterados intentos.

Objeción de la ciencia a técnicas de reproducción asistida, 2012. En los años noventa, la mayoría de las españolas eran madres entre los 20 y los 30 años, pero desde principios de 2000 las madres cercanas a la treintena son ya mayoría. siguiendo esta tendencia, las mujeres que requieren asistencia reproductiva son cada vez mayores, hasta el extremo de que los profesionales del sector privado han prolongado la edad límite para conseguir ser madre hasta los 50 años con la ayuda de un seguimiento estricto de los embarazos y de la trasferencia de embriones creados a partir de los ovocitos de chicas menores de 30. vid. al respecto, J. BACARDIT, _El precio de ser madre_, ed. Apostroph, 2020.

Lejos del mundo idealizado que algunas clínicas se esfuerzan por exponer, la realidad muestra la activación de dudas, miedos, contradicciones y desestabilización psíquica de muchas mujeres, por los esfuerzos y dificultades, físicas y psíquicas, para ser madre; algunas de ellas —incómodas por ser madres con el óvulo de otra mujer— pasan por estados depresivos por falta de identificación con la criatura. Además, el uso de técnicas de reproducción asistida afecta a la mujer de una forma especial pues despertar el aparato reproductor femenino tras someterlo a métodos anticonceptivos hormonales requiere tiempo, ya que las píldoras detienen el proceso de ovulación. De hecho, el porcentaje de éxito de los tratamientos de reproducción asistida es realmente bajo con su contraparte de decepciones.

La mayor repercusión es la psíquica, con ansiedad, miedo e incertidumbre, pues es normal no obtener resultado alguno especialmente a partir de cierta edad[13]. Nada de esto es indiferente a la mente femenina. Los psiquiatras y psicoanalistas saben de estas consecuencias con las que carga la madre abrumada por lo que le exige la aventura de la maternidad en estas circunstancias.

Las consecuencias negativas no son solo para la madre. El hijo también las sufre. En estos casos, el niño no nace libre, pues la libertad del ser humano requiere un comienzo indisponible y un futuro imposible de anticipar. El hijo buscado de propósito llega al mundo

---

[13] La web del NHS (la Sanidad pública británica) señala que apenas un 32 % de los procedimientos de fecundación *in vitro* dan lugar al nacimiento de un bebé cuando la madre es menor de 35 años. Para las mayores de 44 años, casi no hay posibilidades: un 4 %.

sometido a una relación de dominación, con un destino prefijado de antemano: dar sentido a la vida de quien lo creó. El niño así producido no es educado para llegar a ser él mismo, para ser libre en la determinación de su futuro vital, sino para gratificar el narcisismo de su madre, la mayoría de las veces de forma inconsciente. Hay una gran diferencia entre el hijo que nace libre y el que nace sometido a una relación de dominación, porque este tiene un fin y un destino predeterminado: ser «la prolongación narcisista de mis expectativas fantásmicas»[14], hacerme compañía en mi soledad o intentar solucionar sufrimientos arcaicos enterrados en mi subconsciente que, como señalan los expertos, ningún embarazo será capaz de satisfacer.

El encuentro de amor nunca se produce como un reflejo narcisista, sino como una ruptura del espejo, como experiencia del otro que diverge de mí; nunca es identificación ni unificación, sino amor por lo desigual, por lo diferente, por la alteridad[15].

Cuando los deseos realizados (viajar, salir, éxito profesional, vivir sin responsabilidades, cuidar del físico…) no producen plenitud, podemos caer en la tentación de buscar la solución mediante la satisfacción de un nuevo deseo; en esta ocasión, el deseo del hijo. Estamos ante una visión utilitarista de la maternidad. En este sentido, la Drª. Camps subraya que la demanda de tener hijos por vía artificial puede dar lugar a experiencias dolorosas también para la descendencia y sugiere que el objetivo de la reproducción asistida no debería ser la maternidad a toda

---

[14] M. RECALCATI, *Retén el beso*, ed. Anagrama, 2023, p. 61.
[15] M. RECALCATI, *Retén el beso*, ed. Anagrama, 2023, p. 28.

costa: habría que analizar calmadamente si ese deseo no esconde sufrimientos arcaicos que ningún nacimiento podrá resolver (una herida narcisista, una rivalidad con sus madres, miedo al abandono de la pareja, presión del entorno social y del reloj biológico, necesidad patológica de autoafirmación...)[16].

En esta etapa histórica actual, en la que los niños son escasos y preciosos, surge con fuerza la idea del "derecho a tener un hijo", en oposición a la del hijo como fruto de la contingencia del amor[17]. Es una idea contraria a la inalienabilidad de la persona, recuerda a la esclavitud por lo que implica de tener derechos sobre un ser humano. La deshumanización de la procreación hace posible para todos la consecución de un hijo. El hijo se reduce a objeto de deseo, acompañado siempre además de una transacción financiera considerable.

Cuando el hijo es buscado, provocado de forma programada y planificada hasta el extremo, cuando no se deja nada a la contingencia e imprevisión, el "fantasma de la apropiación" sobrevuela sobre su gestación[18]. Por desgracia, es algo habitual en la actualidad que el sueño, siempre presente, de la omnipotencia materna se haga terrible realidad. No obstante, este secuestro

---

[16] Vid. al respecto, N. CAMPS, directora del Servicio de Psicología Clínica de la Fundación Puigvert, en su tesis doctoral: «Seguimiento de parejas infértiles con hijos nacidos con técnicas de reproducción asistida mediante observación indirecta», 2021.

[17] El TEDH ha declarado al respecto que «la Convención no consagra ningún derecho a ser padre» y «que no protege el simple deseo de formar una familia» (TEDH, *Paradiso et Campanelli c. Italie*, 2017).

[18] M. RECALCATI, *Las manos de la madre. Deseo, fantasmas y herencia de lo materno*, ed. Anagrama, 2018, p. 96.

arbitrario del hijo como "propio" no define en absoluto la maternidad, sino solo a su declinación patológica[19].

Aquel hijo, nace sometido a la omnipotencia de su madre, por lo que será menos libre. El niño es importante en la medida en que genera la utilidad para la que fue creado y solo en tanto en cuanto dure esa utilidad[20]. Este niño viene de hecho a satisfacer las expectativas inconscientes de la madre, como afirma Recalcati: «Sin saberlo, está como secuestrado en el deseo de la madre»[21]. Lo que generará ansiedad en ella y, en consecuencia, los correspondientes sentimientos de angustia e inseguridad en el hijo. El niño no es educado para llegar a ser él mismo, sino ante todo para alimentar el ego de quien "lo encargó"[22]. El niño se convierte en una opción más dentro del abanico de experiencias emocionantes disponibles para mi realización personal: hoy un viaje, mañana gimnasio, pasado un niño.

Pero desear un hijo no garantiza tampoco la felicidad cuando ha sido buscado de propósito como instrumento en mi propio beneficio. Y así, creemos que el niño (nuevo objeto) nos dará la tan buscada satisfacción,

---

[19] M. RECALCATI, *Las manos de la madre. Deseo, fantasmas y herencia de lo materno*, ed. Anagrama, 2018, p. 34.

[20] Como señala, Rob Riemen: «A todo se le impone la obligación de ser útil, instrumental; debemos ser capaces de hacer algo con cada cosa (y persona), de lo contrario, la descartamos». En su artículo "¿Tiene la ciencia todas las respuestas?", en la obra colectiva: *Una hoja de ruta*, M.A. GARRIDO y otros, ed. Rialp, 2021, p.34.

[21] M. RECALCATI, *Las manos de la madre. Deseo, fantasmas y herencia de lo materno*, ed. Anagrama, 2018, p. 107.

[22] Tras el nacimiento de la primera niña gestada por fecundación in vitro en Francia, el pionero ginecólogo que lo había hecho posible, René Frydman, bautizó la medicina del futuro como una "medicina del deseo".

aplacará mi angustia, colmará mi ansiedad y, sin embargo, comprobamos, como demuestra el psicoanálisis, que continuamos con la misma insatisfacción interior, la misma infelicidad. Al respecto, nos advierte Recalcati, que estamos ante una versión «nihilista» del deseo, ocupado en perseguir sin descanso algo que, en realidad, está destinado a faltarnos siempre. Es la mentira que exalta «lo nuevo» (en este caso un hijo) como principio que orienta la vida del deseo[23].

Como señala Naouri: «Es como si las mismas voces que se levantan para estigmatizar el egoísmo patente del hombre, acusado de estar preocupado exclusivamente de su satisfacción, optaran por enternecerse sobre el control maternal, como si fuera la expresión paradigmática del desinterés, cuando señala un egoísmo aún más condenable que su equivalente masculino: librado a sí mismo, este egoísmo no solamente destruye a los individuos, sino que pone en peligro los progresos alcanzados por la humanidad tras centenares de miles de años»[24].

En estos supuestos, el niño se convierte en un producto de consumo emocional. Una propiedad, violentando la máxima que debe regir la maternidad entendida como hospitalidad sin propiedad. Se vulnera de entrada y sin escrúpulos la libertad del hijo que es en todo caso alteridad. En palabras de Han: «No se puede amar al otro despojado de su alteridad, solo se puede consumir»[25].

---

[23] M. RECALCATI, *Ya no es como antes. Elogio del perdón en la vida amorosa*, ed. Anagrama, 2014, p. 28.

[24] A. NAOURI, *Padres permisivos, hijos tiranos*, Ediciones B, 2005, p. 231.

[25] B-CHUL HAN, *La agonía del eros*, ed. Herder, 2014, p. 23.

Al niño programado y "fabricado" se le exige inconscientemente por la madre que "lo encargó" lo mismo que se demanda actualmente con otros productos de nuestra sociedad de consumo: que sea perfecto, que funcione bien, que no decepcione jamás, que cumpla las expectativas que se depositaron en él cuando fue creado. «El derecho de propiedad sobre el hijo autoriza a la madre a caer en la pura arbitrariedad, en el capricho insensato, en la aniquilación del otro, en su sometimiento»[26].

Cuando el hijo no ha sido acogido a través del otro sexo, según un don misterioso, cuando ha sido fabricado según un proyecto determinado, deconstruirlo o servirse de él a su antojo acaba siendo un estricto derecho de quien lo creó[27]. Como señala Hadjadj: «Por haber nacido, sin ser fabricado siguiendo un proyecto y un presupuesto, ese hijo es un advenimiento y no un resultado, un don y no una construcción, un ser débil e imperfecto, sin duda, no un engranaje completamente inserto y dependiente del dispositivo tecnocapitalista»[28].

Si el niño se percibe como un objeto de consumo propio, pierde dignidad porque se entiende bajo el enfoque primitivo de "presa accesible", cuyo fin principal es saciar el apetito del ego[29].

---

[26] M. RECALCATI, *Las manos de la madre. Deseo, fantasmas y herencia de lo materno*, ed. Anagrama, 2018, p. 120.

[27] F. HADJADJ, *¿Qué es una familia? La trascendencia en paños menores*, ed. Nuevo Inicio, 2015, p. 166.

[28] F. HADJADJ, *¿Por qué dar la vida a un mortal? Y otras lecciones*, ed. Rialp, 2020, p. 48.

[29] J.C. RUIZ, *Incompletos. Filosofía para un pensamiento elegante*, ed. Destino, 2023, p. 31.

Existe una gran diferencia, entre *acoger* al hijo como un don imprevisto y *buscar* al hijo a toda costa de forma programada, que a su vez refleja la diferencia sustancial entre el hijo entendido como *"producto"* de disfrute que emana del deseo propio individualista, y el hijo como *"subproducto"* de la actividad sexual de sus padres, en la que lo ideal sería que hubiera amor y entrega entre el hombre y la mujer (que fuera el resultado del azar de la metáfora del amor de sus padres, que no desearon tener un hijo, sino que se desearon el uno al otro) pero que, en muchas ocasiones, no es así (mujeres abandonadas y maltratadas), lo que magnifica la generosidad y valentía de la mujer que decide seguir adelante con ese embarazo.

Todo hijo debería ser el resultado del amor de sus padres, abierto a la contingencia ilimitada de la existencia. En palabras de Hadjadj, el hijo debería ser «la añadidura del amor sexuado, y no el resultado de una intención directa (...) un don sin reciprocidad»[30].

La gestación consiste en acoger en uno mismo un fenómeno misterioso que escapa dos veces a nuestro control, en su proceso y en su término. Sin embargo, la fabricación es todo lo contrario: se trata de construir fuera de uno mismo, de manera totalmente visible, algo que se controla de un extremo al otro de la cadena. El paso de la gestación *in útero* a la fabricación *in vitro* es la total capitulación de la mujer[31].

---

[30] F. HADJADJ, *¿Qué es una familia? La trascendencia en paños menores (y otras consideraciones ultrasexistas)*, ed. Nuevo Inicio, 2015, pp. 36-37.

[31] F. HADJADJ, *¿Qué es una familia? La trascendencia en paños menores*, ed. Nuevo Inicio, 2015, p. 172.

Además, cuando un hijo es despóticamente "producido", especialmente por técnicas de fecundación artificial, se da lugar, entre otras, a una consecuencia para el hijo indeseada, lo que Habermas califica como un "menoscabo de su autocomprensión moral"[32], pues al crear al hijo mediante un procedimiento tan planificado este resulta sustraído de toda contingencia, espontaneidad o improvisación, que de algún modo existe en el inicio natural de la vida en general; segando así su libertad e hiriendo sus "sentimientos morales". Con la decisión irreversible que una persona toma respecto a la dotación genética natural de otra persona surge una relación interpersonal desconocida hasta ahora[33]. Por el contrario, la pertenencia no elegida, dispone al ser humano al encuentro no programado y le hace realmente libre.

La acogida imprevista del hijo concebido "a la antigua", sobre un lecho conyugal hecho de amor —no en un laboratorio y, por lo tanto, no programado— constituye una apertura a lo nuevo e inédito, nunca exenta de peligros e imprevistos, pero también de satisfacciones, sorpresas y alegrías. Y es una actitud muy diferente, incluso opuesta, a la de buscar al hijo a toda costa o proyectarlo según nuestros sueños y deseos, tal y como nos permiten los avances de las biotecnologías. *Acoger* supone renunciar a nuestros sueños omnipotentes de control, aceptar el riesgo, subordinar nuestros proyectos

---

[32] Habermas, citado por M. ALBERT MÁRQUEZ, "Distorsión de la maternidad y paternidad", en la obra colectiva: *Mayo del 68. Una época de cambios, un cambio de época*, ed. UFV, 2019, vol I, p. 92.

[33] J. HABERMAS, *El futuro de la naturaleza humana, ¿hacia una eugenesia liberal?*, Biblioteca del presente, 20, ed. Paidós, 2001, p. 26 y ss.

a una nueva vida —que traspasa y supera nuestros sueños— ceder a mis expectativas y abrirme a la sorpresa y a lo imprevisto.

En este sentido, el Comité de Bioética de España alertó sobre los riesgos que se desprenden de basar una decisión tan relevante en los meros deseos: «Frecuentemente se ha sostenido que el deseo de tener un hijo es la mejor garantía de que será querido y cuidado. Pero no es exactamente así (…) Nuestra sociedad ha tendido a promover la satisfacción de los propios deseos, pero no tanto a asumir las responsabilidades que esos deseos pueden traer consigo (…) aunque exista el deseo y se mantenga firme a lo largo del tiempo, no asegura que el hijo vaya a recibir los mejores cuidados y educación. Para ello, es necesario que ese deseo no sea patológico, inmaduro o egoísta»[34].

Desear tener un hijo a toda costa representa una «perversión del amor: el hijo, en lugar de ser el indicio de una trascendencia, se convierte en un objeto que niega toda trascendencia». En estos casos, la vida no encuentra hospitalidad y viene al mundo mutilada, disociada del sentido, expuesta a una sensación generalizada de superficialidad e insensatez[35]. Y sobrevuela sobre el hijo el «fantasma perverso que preside la maternidad patológica: poseer, devorar, sofocar a su hijo, reducirlo a objeto propio de su goce»"[36]. Nace encadenado a un destino preconcebido: debe satisfacer las

---

[34] Comité de Bioética de España, Informe sobre los aspectos éticos y jurídicos de la maternidad subrogada, Bilbao, a 16 de mayo de 2017.

[35] M. RECALCATI, Las manos de la madre. Deseo, fantasmas y herencia de lo materno, ed. Anagrama, 2018, p. 82 y 95.

[36] Ibidem, p. 93.

expectativas inconscientes de su madre, dar sentido a la vida de su progenitora. Pero, nadie debería ser esclavo de los sueños de otro o prisionero de las expectativas, inconscientes o no, ni siquiera de su progenitora. Pues, como diría Paul Sartre, cuando un hijo tiene marcado su destino, ese destino nunca es feliz.

En cambio, el niño no planificado, el niño "sorpresa", será siempre más libre porque, como afirma Ceriotti, «su vida no está pensada para responder a una necesidad de sus progenitores», lo que permite a aquellos encontrar «la distancia emotiva necesaria para apoyarle y guiarle sin pretender el control de su vida»[37].

Los textos de la Biblia, en el Antiguo Testamento, muestran sin tapujos las declinaciones de la madre que se apropia de la vida del hijo en el conocido pasaje del juicio del rey Salomón. La madre que cede a la partición del hijo, lo vive como un objeto de su propiedad. Prefiere poseer la vida mortificándola. El derecho de propiedad sobre el hijo le autoriza a caer en la arbitrariedad, capricho insensato, aniquilación y sometimiento. La madre que cede a donar el hijo y que siga vivo, lo vive como una alteridad y es capaz de regalarle su ausencia, la libertad. Para ganar la vida del hijo sabe perderlo. La madre que sabe perder lo que ha concebido es la auténtica madre[38].

---

[37] M. CERIOTTI, *Erótica y materna. Un viaje al universo femenino*, ed. Rialp, 2019, p. 61.

[38] Vid. al respecto, M. RECALCATI, *Las manos de la madre*, ed. Anagrama, 2018.

MADRES SOLAS POR ELECCIÓN. HUÉRFANOS DE PADRES VIVOS

El hombre ¿prescindible?

Siempre ha habido madres solas por diversidad de circunstancias: abandono, separación, fallecimiento, emigración, conflictos bélicos. Madres solteras, viudas, abandonadas, separadas o divorciadas, intentan criar solas a sus vástagos en total ausencia de padre, con enormes esfuerzos por su parte, algunas de forma absolutamente heroica.

Estados Unidos es el país con más madres solas del mundo occidental, pero esta es una problemática generalizada en los países desarrollados[39]. Los hogares sin padre constituyen la tendencia demográfica más perjudicial de esta generación, el daño de mayor gravedad causado a los niños.

Pero, a diferencia de las maternidades en soledad por causas sobrevenidas o no deseadas, resulta usual, cada vez en mayor medida, el fenómeno de las madres solas "por elección". Mujeres que quieren ser madres en soledad, prescindiendo total y absolutamente de un hombre[40]. Mujeres que, influenciadas todavía por el

---

[39] El Dr. Wade Horn, fundador de la *National Fatherhood Initiative* (NFI) afirma que hoy en día 25 millones de niños norteamericanos tienen más posibilidades de ver un padre en la televisión que en su propio hogar. Como indica Ken Canfield, fundador del *National Center for Fathering,* la mayoría de los norteamericanos son conscientes de que la ausencia física del padre en el hogar es el principal problema social de los Estados Unidos hoy en día. K. CANFIELD, *The Heart of a Father,* ed. Northfield, 1996, p. 13.

[40] Solo en la Comunidad de Madrid, cuatro de cada diez mujeres se plantean la maternidad en soledad. Vid. al respecto, la Estrategia de

113

feminismo radicalizado de los últimos tiempos, consideran al hombre el enemigo o rival, o que, afectadas por la teoría de género, asumen que, si hombre y mujer son idénticos, fungibles e intercambiables, aquel no aporta nada que no pueda ofrecer ella en soledad.

También el recientemente implantado movimiento *"woke"*, filtrado en muchas de nuestras leyes, presenta al hombre como perturbador, perjudicial y prescindible. Se ha normalizado el desprecio a los hombres desde el punto de vista legal con la consiguiente influencia social que esto ha traído consigo[41].

El concepto negativo que la madre en estos supuestos suele tener de la paternidad, y de los hombres en general, será inevitablemente asimilado por los hijos. Si estos son varones, crecerán sin saber cómo ser hombres, con miedo a manifestar su masculinidad, que es rechazada por su madre. Si son niñas, crecerán con miedo a los hombres, y con enormes inseguridades a la hora de relacionarse con el sexo opuesto, pues son conscientes del rechazo que su madre siente hacia la masculinidad.

Existe actualmente la idea, muy extendida e implantada en la sociedad, de que en la crianza y educación de los hijos la madre se basta y se sobra, que el padre es

---

protección a la maternidad y paternidad y de fomento de la natalidad y la conciliación 2022-2026 de la Comunidad de Madrid.

[41] Máximo exponente de esta situación en España es el Real Decreto-ley 6/2019, de 1 de marzo, de medidas urgentes para la garantía de la igualdad de trato y de oportunidades entre mujeres y hombres en el empleo y la ocupación, por el que se amplía el permiso de paternidad y en el que, sin embargo, la palabra "padre" no aparece ni una sola vez, habiendo sido sustituida por la expresión: "progenitor distinto de la madre biológica".

114

innecesario, a veces incluso un estorbo. Se ha devaluado progresivamente la función paterna, hasta el punto de que la presencia y el papel del padre en la procreación resultan prescindibles. El derecho, con el apoyo de las técnicas de laboratorio y la ingeniería genética, ha logrado que el origen y dependencia de un padre se esfumen definitivamente, anulando la pareja como origen necesario de la vida. Hemos cambiado la genealogía por la tecnología. Nunca había existido entre maternidad y sexualidad una escisión tan profunda y radical. Como señala el psicoanalista Winter: «La diferencia sexual ya no juega un papel esencial en la creación de una familia. El hijo se concibe por otras vías diversas del encuentro sexual entre un hombre y una mujer. A diferencia de lo que parecía ser evidente, la diferencia sexual ya no juega un papel principal en relación con el hijo. Ya no está vinculada ni a la creación de una nueva vida humana ni a lo que es necesario para llevarla hasta la edad adulta. El deseo y el placer relacionados con el sexo continúan su propio camino, por un lado, mientras que la familia, padres e hijos, caminan por una vía paralela»[42].

También hay madres solteras que instrumentalizan a los padres biológicos y, puesto que ellas han decidido solas el momento de su fecundidad, lo ocultan al progenitor y consideran al niño como un bien propio y exclusivo[43].

---

[42] J.P. WINTER, *El futuro del padre. ¿Reinventar su lugar?*, ed. Didaskalos, 2020, p. 112.

[43] Las cifras del Instituto de la Mujer reflejan que el número de personas en esta situación en España no deja de crecer. Mientras en 2002 había 33 000 madres "por elección", como se autodenominan en internet, el año 2009 se contabilizaron 81 000. En algunos países de la UE como la

El hijo queda condenado, por decisión materna, a ser huérfano de padre incluso antes de nacer, con las consecuencias negativas que ello acarreará inevitablemente. En estos casos, a la ausencia física del padre se une una penosa ausencia simbólica. En el lugar del padre hay la nada, un vacío absoluto, un agujero negro. Al niño le falta parte de sus raíces, parte de su genealogía, no se siente arraigado en una historia, no entiende de dónde proviene y esto le causa un vacío existencial insoportable[44]. Tener un pasado permite al individuo "apropiarse críticamente" del mismo, de su biografía, de cara a posibilidades futuras, incluida la de reescribir su historia evitando o enmendando los errores del pasado. "Solo así se hace una persona insustituible y un individuo inconfundible. Con un pasado concreto, el sujeto se puede arrepentir de los aspectos reprochables de su vida pretérita y decidirse a continuar con aquellos procederes en los que puede reconocerse sin vergüenza. Se trata de una «apropiación críticamente sondeadora de la biografía»[45].

Aquellas mujeres que ignoran e incluso fomentan y celebran la ausencia paterna, como si de algo disruptivo

---

República Checa, Polonia, Hungría y Eslovenia las madres solteras representan un 6 % de la población femenina; en otros, como Estonia y Letonia, llegan incluso a un 9 %, según las cifras de la Eurocámara. En España no hay demasiados datos sobre cuantas madres afrontan la maternidad en solitario. En 2009, el 34,5 % de los niños nacieron fuera del matrimonio, según el Instituto Nacional de Estadística (INE), pero este dato no desglosa cuántos de ellos son criados en total ausencia del padre.

[44] Sobre las consecuencias de la ausencia de padre en la familia, vid. mi trabajo: *Padres destronados*, ed. Toro Mítico, 2014. Y el ensayo, *Paternidad robada*, ed. Almuzara, 2021.

[45] J. HABERMAS, *El futuro de la naturaleza humana, ¿hacia una eugenesia liberal?*, Biblioteca del presente, 20, ed. Paidós, 2001, p.17.

se tratase y mantienen a los hijos alejados de cualquier idea, concepto o símbolo de paternidad, les infligen un daño en su equilibrio psíquico que no pueden imaginar y que, tarde o temprano, acabará por manifestarse en su propia contra. Como señala Durand, ginecóloga y miembro de la Academia de las Ciencias y de las Letras de Montpellier, las procreaciones modernas por medio de las biotecnologías conducen a la legalización de la posibilidad que se da a la mujer de tener hijos sin padre, es decir, «de consagrar la inutilidad del padre» por la propia ley. Ahí se halla la gravedad de la situación actual. En la colaboración de la ley en la evaporación del padre pues la decisión legal actúa directamente a nivel simbólico, suprime no un ser, sino un lugar. Todos aquellos que podrían haberlo ocupado son descalificados y, con ellos, quienes lo han ocupado en el pasado. Dicho de otra forma: están muertos por adelantado[46].

En Francia y en la mayoría de los países nórdicos, la cifra se incrementa en más del 50%. Actualmente, en España, el 84% de las mujeres con "deseo gestacional" no descartarían hacerlo en solitario por propia elección, con la ayuda de la medicina reproductiva[47].

Nuestra legislación en materia de reproducción humana asistida encierra una clara vocación a favorecer la "monomarentalidad" de quien así lo desea, o la

[46] G. DURAND, en su aportación a la obra de J.P. WINTER, *El futuro del padre. ¿Reinventar su lugar?*, ed. Didaskalos, 2020, p. 187.

[47] I Barómetro social de la percepción de las españolas acerca de la maternidad. Maternidad y fertilidad a examen, Instituto Valenciano de Infertilidad, 2022. Encuesta realizada a mujeres, residentes en España, de entre 25 y 45 años, pertenecientes a un nivel socioeconómico medio, medio-alto y alto.

creación de una relación biparental familiar con ausencia de figura masculina, como en el caso de las parejas de mujeres lesbianas; anulando un posible derecho de los menores a la biparentalidad con los beneficios psíquicos que esta proporciona a los descendientes.

Tenemos actualmente una verdadera «explosión» de mujeres que deciden vivir en soledad su maternidad, por medio de la reproducción asistida[48]; lo que hace que el deseo de maternidad se vuelva autónomo respecto al deseo amoroso hacia el otro sexo. Como señala Recalcati: «En las mujeres que asumen la maternidad en soledad, ajena a toda relación amorosa, es mucho más probable que resulte dominante el deseo de querer tener un hijo respecto del deseo real de la maternidad y los hijos estarán más expuestos a convertirse en objetos exclusivos del goce de la madre. Por el contrario, si el niño es el resultado inesperado del amor sexuado de sus padres, su ser en el mundo resultará más fácilmente vital y abierto a la contingencia ilimitada de la existencia»[49].

Lo ideal para el hijo es que la maternidad constituya un evento que nace de un vínculo amoroso. El hijo debería ser siempre el resultado de dos y nunca de uno solo. Para que el hijo crezca de forma equilibrada precisa de un padre y de una madre, la alteridad sexual es esencial: «De la combinación de dos deseos y de dos historias, ambas marcadas por el sexo y por las generaciones sucesivas, se extraerán los rasgos constitutivos de

---

[48] En España, este perfil subió en 2018 un 13 %. En algunas Comunidades como Baleares, el aumento es del 96 %. Datos proporcionados por *El Mundo* 15 septiembre 2019.

[49] M. RECALCATI, *Las manos de la madre. Deseo, fantasmas y herencia de lo materno*, ed. Anagrama, 2018, p. 102.

la psique del niño, con los que crecerá (…). Legalizar la homomarentalidad es matar al padre»[50].

Raíces. *En busca de la identidad perdida*

La donación de gametos masculinos en España es anónima, de manera que ese niño no tendrá jamás la posibilidad de conocer parte de su genealogía[51]. Al eliminar

---

[50] Dada su amplia experiencia en el ámbito familiar, Winter fue nombrado ponente en la comisión constituida en el Senado de la República de Francia durante el debate para la aprobación de la ley que permitiría tener hijos a las parejas de homosexuales y lesbianas. Sobre las parejas del mismo sexo que "desean" ser padres, la oposición de Winter, derivada del sufrimiento que ha conocido de primera mano de la terapia psicoanalítica de los descendientes de estas parejas, es categóricamente clara: «Solo espero que sopesemos las posibles consecuencias antes de darles en la ley un lugar equivalente al de las familias tradicionales». Por estas opiniones fue calificado como amarillista, amenazante, homófobo y ultraconservador. J.P. WINTER, *El futuro del padre. ¿Reinventar su lugar?*, ed. Didaskalos 2020, p. 139.

[51] En España, el derecho a conocer los propios orígenes biológicos cabe inferirse del principio de dignidad y libre desarrollo de la personalidad del art. 10.1 de la CE. Además, existe un reconocimiento expreso del mismo en el ámbito de la adopción, donde se disocia del derecho a establecer vínculos jurídicos de filiación con los progenitores, pero se niega en el ámbito de la reproducción asistida al disponerse el criterio del anonimato del donante, siguiendo al art. 5.5 de la Ley 14/2006, de 26 de mayo, de Técnicas de Reproducción Humana asistida. Aunque el Tribunal Constitucional español se pronunció sobre el anonimato del donante en la sentencia 116/1999, de 17 de junio, concluyendo que no era contrario a la Constitución Española, la conveniencia de este criterio siempre ha generado opiniones encontradas. En este sentido, el ordenamiento jurídico español se aleja de otros ordenamientos europeos que sí reconocen el derecho a conocer sus orígenes biológicos a los nacidos por reproducción asistida o que han tomado conciencia de la importancia de

al padre de la genealogía de un niño «se hace opaca toda la sucesión de padres que se ha sedimentado a lo largo de la historia»[52]. Eliminar de un plumazo y voluntariamente la figura paterna de la vida del hijo a nivel físico y simbólico supone dejarle sin parte de sus raíces. El jurista y psicoanalista Pierre Legendre escribía: «El hombre es un ser genealógico». Ser hijo significa haber sido generado; la vida humana viene al mundo arrojada a la cadena simbólica de la generación, a la historia que la ha precedido[53]. Por ello, como señalan los expertos y demuestra la experiencia del psicoanálisis, es preferible tener un padre defectuoso o deficitario, que desconocerlo por completo. Pues aquel es capaz, al fin y al cabo, de dar raíces a la vida de sus descendientes. Podemos decir que todo padre es el «prólogo» en el libro de la vida de sus hijos. Somos el fruto de tiempos pretéritos.

El ser humano constituye su vida psíquica, no solo a partir de los sujetos presentes que le rodean, sino también de aquellos que ya no están; los ausentes que no volverán[54]. «El testimonio paterno más eficaz es aquel que se reconstruye retroactivamente»[55]. Por ello, es imprescindible la pertenencia a una concreta genealogía que inserta a los individuos en la historia y que les

---

este derecho para estas personas, pasando de admitir el anonimato del donante en sus legislaciones a rechazar este criterio.

[52] J.P. WINTER, *El futuro del padre. ¿Reinventar su lugar?*, ed. Didaskalos, 2020, p. 139.

[53] M. RECALCATI, *El secreto del hijo. De Edipo al hijo recobrado*, ed. Anagrama, 2020, p. 24.

[54] J.P. WINTER, *El futuro del padre. ¿Reinventar su lugar?*, ed. Didaskalos, 2020, p. 133.

[55] M. RECALCATI, *¿Qué queda del padre? La paternidad en la época hipermoderna*, ed. Xoroi Edicions, 2015, p. 99.

permite conocerse a sí mismos, saber de dónde provienen, explicar acontecimientos del presente por su relación con el pasado, comprender su ascendencia y dar consistencia a su existencia. En palabras de Knibiehler: «Somos seres de memoria y de historia»[56].

En tiempos pasados, las raíces que nos proporcionaba la familia, compuesta por un hombre y una mujer, con una estructura más o menos estable, nos permitían el conocimiento de nuestra genealogía y la posibilidad de dar respuesta a la cuestión sobre nuestra propia identidad. Como señala Lacan, la familia humana no se funda solo en criterios biológicos, sino que es un fenómeno cultural, cuyo fin esencial es la transmisión de la cultura, tradiciones, costumbres y ritos. Estos son acciones simbólicas, transmiten y representan aquellos valores que mantienen cohesionada una comunidad. Pero el mundo de hoy sufre una fuerte carestía de lo simbólico[57].

Actualmente, el progreso ha permitido que, en la concepción de un hijo, lo tecnológico esté suplantando a lo genealógico. Si el ser humano no tiene raíces, carece del sentido de pertenencia y por lo tanto vive atomizado ajeno a las necesidades del otro, del prójimo y de la sociedad en general, erosionando el sentido de comunidad. La visión del mundo se vuelve autorreferencial, solo me sirve aquello o aquel que me genere alguna utilidad y durante el tiempo que me resulte satisfactorio; luego prescindo de ello y busco mi siguiente fuente de satisfacción. Además, sin la experiencia de la pertenencia, «los muertos perderán sus prerrogativas y

---

[56] Y. KNIBIEHLER, *Les peres aussi ont une histoire*, ed. Hachette, 2017.
[57] B-CHUL HAN, *La desaparición de los rituales*, ed. Herder, 2022, p.12.

los no nacidos, de los que los muertos son custodios metafísicos, se verán privados de su herencia»[58].

Siempre será preferible tener un padre, aunque sea imperfecto hasta el extremo, que no tenerlo en absoluto, pues «la genealogía es como una armadura, un esqueleto de apellidos (…) que se suceden como esquirlas resplandecientes durante siglos» y que ayuda a los descendientes a comprenderse y conocerse mejor a sí mismos. Este árbol genealógico concede a los individuos un suelo donde poner los pies y sobre el cual construir su propio destino. Porque «cada padre es portador de un universo ante el cual el hijo no puede quedarse indiferente»[59].

Como decía el poeta Gustav Maeterlinck, el padre es a la vez «el mandatario provisional del pasado y el órgano momentáneo de una multitud aún por llegar».

Los expertos coinciden en que la ausencia de padre genera psicosis, un desorden incontrolable en las palabras y en la vida de una persona que se presenta cuando en lugar de la presencia del padre hay un abismo aterrador, un desconocido del que nunca se habla. La persona sin raíces no sabe quién es, no tiene arraigo[60]. Como señala Winter, vive en un «tiempo amputado (…) las rupturas en la continuidad en la genealogía tienen repercusiones psíquicas serias (…). Van siempre acompañadas de una desorientación en los espacios, es decir, de

---

[58] R. SCRUTON, *Cómo ser conservador*, ed. Homo Legens, 2020, p.54.

[59] J.P. WINTER, *El futuro del padre. ¿Reinventar su lugar?*, ed. Didaskalos, 2020, pp.139 y ss.

[60] En este sentido, Edipo, protagonista de Edipo Rey de Sófocles, es el ejemplo paradigmático de esta carencia de dominio de sus orígenes y esto provoca que sea un sujeto desfasado, desequilibrado, dislocado.

la dificultad para cada uno de encontrar su propio lugar dentro de la tribu»[61].

Esta paradójica situación es «injusta desde el punto de vita afectivo, infundada en el aspecto biológico y antropológico y destructiva en el plano simbólico»[62]. Estos hijos, huérfanos de padres vivos, crecen y viven toda su existencia con *«hambre de padre»*[63], imposible de dejar atrás o de metabolizar, por las emociones no compartidas, por los momentos no vividos en común, por las palabras necesitadas y no recibidas, por los gestos ausentes, por los límites no impuestos, por los elogios y reprobaciones no escuchados, que es, quizá, el dolor más sensible, íntimo y silenciado que habita en cada individuo que ha experimentado la ausencia, física o psíquica, de su progenitor.

Riesgos de la ausencia paterna.
La absorción del hijo por la madre

En ausencia de padre, la enorme fuerza del vínculo materno-filial presenta riesgos, pues las mujeres corremos el peligro de transformar la solicitud en un control exhaustivo y agotador; creando entre la madre y el hijo un

---

[61] J.P. WINTER, *El futuro del padre ¿Reinventar su lugar?*, ed. Didaskalos, 2020, p.136.

[62] C. RISÉ, *El padre. El ausente inaceptable*, ed. Tutor. Psicología, 2006, p.139.

[63] Según el psicólogo especialista en masculinidad Aaron Kipnis, «Todos crecimos con hambre de padre al tiempo que recibíamos la leche del cuerpo de nuestra madre». A KIPNIS, *Los príncipes que no son azules... o los caballeros sin armadura*, ed. Vergara, 2014.

«*continuum* psicofísico especial, que da forma a una relación de pertenencia e influencia mutuas»[64]. La simbiosis entre madre e hijo se convierte en ocasiones en un vínculo totalitario que termina por hacer verdaderamente imposible la experiencia de una relación materno-filial adecuada y equilibrada.

En estas circunstancias de simbiosis madre/hijo, "sofocante y antivital"[65], al padre correspondería dotar al hijo de libertad frente a la posesión obsesiva de la madre. Liberar al hijo, dejarle ir, favorecer el desapego, regalarle la ausencia, puede convertirse en una tarea prácticamente imposible para aquellas madres que no tienen una relación de pareja satisfactoria y que encuentran en el hijo, si este es varón, al pequeño hombre que puede amarlas, admirarlas y hacer que se sientan indispensables. El niño se convierte en el "cuidador" de su madre, el "hombrecito de la casa". Y, si es hija, la acompañante comprensiva, la amiga íntima, que llenará su vida librándola de la soledad.

No es inusual que estas madres acaben vinculando al hijo a sí mismas, haciendo que se sienta amado e indispensable y sutilmente culpable cada vez que se distancia emotivamente de ellas. De este modo, se pueden crear parejas madre-hijo de una intensidad increíble, casi indisolubles, porque el hijo acaba viviendo su necesidad de desvinculación y crecimiento autónomo como una traición culpable a la persona que más le ama[66].

---

[64] M. CERIOTTI, *Erótica y materna. Un viaje al universo femenino*, ed. Rialp, 2019, p. 65.

[65] C. RISÉ, *El padre. El ausente inaceptable*, ed. Tutor, Psicología, 2006, p.21.

[66] M. CERIOTTI, *Erótica y materna. Viaje al universo femenino*, ed. Rialp, 2019, p.68-69.

La posición simbiótica madre-hijo tan necesaria en las primeras etapas de la vida del hijo, para hacer bien su función, también debe ser transitoria y no totalizadora. Así como se construye de forma progresiva, también debe disolverse progresivamente, para dejar que el hijo crezca y dé vida a su propia forma de ser, libre, autónoma e independiente; alteridad.

Como afirman los expertos, en la relación madre-hijo se abre, desde el primer momento, el desafío de la justa distancia emotiva y física. Es necesario flexibilizarla continuamente y adaptarla según el momento evolutivo del hijo para no caer en el peligro de que este quede prisionero de la poderosa relación con la madre.

La madre, en ausencia de padre o cuando este no es significativo, puede desarrollar, en palabras de Naouri, un "amor caníbal", capaz de "devorar" a sus hijos por amor; no se desvincula de ellos, lo que no permite que estos adquieran su propia identidad como sujetos independientes y les hace sentirse siempre como una prolongación de la madre. En estas circunstancias, «el hijo no es más que un pedazo de la madre y el padre no es nada»[67].

En este contexto, la relación madre-hijo es una relación de fusión, un binomio que la propia madre debería ayudar a romper, designando al padre frente al niño e introduciéndolo ante él. Se produce una simbiosis total que anula las respectivas identidades. La madre aprisiona al hijo que se convierte en su "pareja", su paño de lágrimas, su confidente. Papel que no le corresponde y que le puede hacer sentirse abrumado.

---

[67] E. SULLEROT, *El nuevo padre. Un nuevo padre para un nuevo mundo*, ed. Palabra, 1993, p. 221.

Si es varón, «se transforma en el hijo codependiente, metafóricamente su amante, y por último su víctima no intencional»[68]. Versión patológica del amor que solo genera esclavitud; una pareja cerrada, hipnótica, fusional[69]. Algo para lo que el niño no está preparado. Para evitarlo, es necesario que la madre sepa «renunciar al tinte erótico de la relación con el hijo varón, si se le quiere proteger del riesgo seductivo y dejarle plenamente libre»[70].

Cuando no hay padre, cuando la función paterna no existe, la madre puede crear con el hijo una relación de pareja que se repliega sobre sí misma, un universo cerrado, una insana mutua interdependencia que perjudica el equilibrio psíquico de ambos. Esta ilusión (de ser pareja), que Lacan define como "perversión primaria", es profundamente incestuosa porque borra la diferencia entre ambos[71].

Varón sin padre

En los varones, la ausencia de padre puede generar un dolor especialmente intenso; es el resultado de haberse «hecho hombre» sin una guía emocional que les ofreciera modelos reales, cercanos, palpables para conectarse con sus propias emociones y sentimientos, con sus

---

[68] A. R. KIPNIS, *Los príncipes que no son azules... o los caballeros sin armadura*, ed. Vergara, 2014, p. 247.

[69] M. RECALCATI, *Las manos de la madre. Deseos, fantasmas y herencia de lo materno*, ed. Anagrama, 2018, p. 122-123.

[70] M. CERIOTTI, *Erótica y materna. Un viaje al universo femenino*, ed. Rialp, 2019, p. 38.

[71] M. RECALCATI, *¿Qué queda del padre? La paternidad en la época de la hipermodernidad*, ed. Xoroi Edicions, 2015, p. 47.

dudas y temores, con sus ansiedades e incertidumbres. "Hambre de padre" significa necesidad de conocer sus sentimientos, de recibir educación emocional de su parte, de compartir tiempo y piel, de ser reconocido y valorado por ese hombre, de ser acompañado por él hacia el portal de ingreso a la adultez[72]. Pues, como afirma Rojas Marcos: «Todos los padres son, sin saberlo, el objeto de una obsesión conflictiva e irresistible en el hijo que a menudo dura toda la vida»[73].

La ausencia paterna puede además tener asimismo consecuencias serias en la identidad sexual de los varones. Ambos, tanto el hijo como la hija, experimentan una identificación primaria con la sexualidad de la madre. Es normal, pues la carne y el espíritu de la feminidad les ha rodeado primero en el seno materno y luego en sus primeros meses de vida, "como las cuatro paredes de una casa"[74].

Las niñas al descubrir su feminidad y, por lo tanto, la diferencia con lo masculino, necesitan percibir la aprobación de su padre, implícita (especialmente a través del trato amoroso y respetuoso que el padre prodigue hacia la madre) pero también explícita (unida a palabras y actitudes de aprobación y aprecio hacia su feminidad) porque él es el representante adulto de la masculinidad, de la que ella es diferente[75].

---

[72] S. SINAY, *Varones con hambre de padre*, www.sergiosinay.com

[73] LUÍS ROJAS MARCOS, *El País*, 26 abril 1993.

[74] Como afirmaba Chesterton, en su obra *What's Wrong with the World*: a cualquier niño «la carne y el espíritu de la feminidad le rodean desde el principio de sus orígenes como las cuatro paredes de una casa».

[75] M. CERIOTTI, *Erótica y materna. Un viaje al universo femenino*, ed. Rialp, 2019, p. 104.

En cuanto a los hijos varones, la identidad de los chicos comienza con la identidad femenina, pero la fuerza biológica los impulsa hacia una identidad masculina diferente. El chico comprometido en esta identificación primitiva conoce un itinerario más difícil que la chica para liberarse de su madre y afirmar su virilidad. Pronto el varón deberá aceptar que su sexualidad es diferente a la de la madre; el niño vivirá un proceso mucho más complejo para desvincularse psíquicamente de la madre. La psicóloga A. Horner explica: «Una vez establecido el curso de la identidad femenina de la chica es relativamente interrumpido. La identidad femenina esencial se origina en las primeras relaciones con la matriz. Mientras que la identidad sexual del chico depende de su capacidad de diferenciarse de la matriz»[76].

En este recorrido vital, en el que el niño construye su propia identidad, el acompañamiento que el padre realiza es insustituible. Ser varón implica recorrer un camino sinuoso y complicado que siempre comienza en los brazos de la feminidad, de la madre. A este propósito señalan los expertos que todo hace pensar que la condición básica del fenotipo sexual es femenina y a ella tiende de forma espontánea el nuevo ser; ha de haber un esfuerzo añadido para que se quiebre esa tendencia a la feminidad y aparezca el ser masculino[77].

Llegar a ser hombre es una aventura larga, difícil, arriesgada, repleta de obstáculos. Es una especie de lucha

---

[76] Citada por M. GURIAN, *¿En qué estará pensando?*, ed. Urano, 2004, p. 196.

[77] H. LIAÑO, "Cerebro de hombre, cerebro de mujer: a un mismo tiempo, iguales y distintos", en el libro colectivo: *Cerebro y educación*, ed. Almuzara, 2008, p. 22.

contra la inherente tendencia a la feminidad. Se trata de un camino delicado y progresivo a lo largo del cual el varón deberá sufrir un desgarro, una renuncia a la madre y una progresiva atracción hacia el «campo magnético» de su padre. Pero, si el padre no está, especialmente desde el punto de vista simbólico, correrá el peligro de «estancarse en el vínculo simbiótico» con su madre. Por ello, el padre deberá secundar y promover el impulso evolutivo espontáneo hacia la separación: «Ser varón supone, en primer lugar, aceptar ser diferente de la madre y situarse en "otra" categoría, la del padre. Por eso, introducirse en el mundo masculino para hacerse hombre supone la necesidad de fijar progresivamente unos límites psicofísicos en relación con la madre, porque la diferencia siempre incluye distancia y separación»[78].

La diferencia de sexos encarnada por el padre juega un papel de revelación y confirmación de la identidad sexuada. La masculinidad no se puede aprender en los libros, es algo que los padres pasan a los hijos sin percibirlo apenas: «La mujer es; el hombre debe ser hecho», afirma con rotundidad Corneau[79].

Es el padre, en la medida en que es reconocido por la madre, el que va a permitir al hijo situarse sexualmente. La sola existencia del padre al lado de la madre proporciona alimento psíquico al niño para distinguirse y acceder a la autonomía. Es a través de la intermediación del padre que se realiza de la mejor manera el proceso

---

[78] M. CERIOTTI, *Masculino. Fuerza, eros, ternura*, ed. Rialp, Madrid, 2019, pp. 32-33.

[79] G. CORNEAU, *Pére manquant, fils manqué: que sont les hommes devenus?*, Edicions de l'homme, Quebec, 1989.

de sexualización y la interiorización de la identidad sexual del niño. Como escribió el poeta estadounidense Robert Bly: «Solamente una mujer puede convertir un embrión en niño, pero solamente un hombre puede convertir a un niño en hombre»[80].

Las madres pueden enseñar a los hijos prácticamente todo, excepto cómo convertirse en hombres. Los niños varones necesitan modelos masculinos equilibrados para convertirse en hombres equilibrados. El poeta Aaron Kipnis señala acertadamente al respecto: «Ellas nos nutrían, nos consolaban, educaban y cantaban; nos cuidaban cuando estábamos enfermos, nos enseñaban buenos modales y nos protegían (...). Pero no podían enseñarnos a convertirnos en hombres»[81].

En definitiva, eliminar la figura paterna implica un alto riesgo social. En una sociedad en la que el complejo de Edipo no existe, nada hay tampoco que logre frenar la tendencia incestuosa del goce, la ausencia de límites y de prohibiciones simbólicas, desregulación pulsional[82]. Los jóvenes que carecen de padre, no solo en sentido físico, sino además simbólico y cultural, regresan al «estadio prepaterno de la escala evolutiva»[83]. En la hiper-

---

[80] R. BLY, *Iron Jonh. A book about men*, Da Capo Press Inc. 2015.

[81] A. R. KIPNIS, *Los príncipes que no son azules... o los caballeros sin armadura*, ed. Vergara, 2014, p. 25.

[82] Freud mantenía que el surgimiento de la moral tenía que ver con la resolución del conflicto edípico. Y para Levi-Strauss la ley universal de prohibición del incesto es la que permite separar la cultura de la naturaleza. Vid. al respecto, LUIS MANUEL ESTALAYO MARTÍN, en su artículo "¿Qué significa ser un buen padre?" Rev. Asoc. Esp. Neuropsiq. 2010, 30 (107), 419-436.

[83] L. ZOGA, *El gesto de Héctor. Prehistoria, historia y actualidad de la figura del padre*, ed. Taurus, 2018, p. 284.

modernidad, la evaporación del padre provoca caos y neurosis social[84]. Vivimos en un tiempo regido no por el signo de Edipo, sino por el de Telémaco, quien exige justicia: «En su tierra ya no hay ley, ya no hay respeto, ya no existe orden simbólico»[85].

Como señala Zoja: «Si el macho ha dejado de ser padre, entonces debe ser otra cosa. La solución más simple a esta crisis radical de identidad es el regreso a la condición precedente a la invención del padre. Se produce así una iniciación a la masculinidad adulta de tipo regresivo (…) regresamos al estado prepaterno de la escala evolutiva (…) la regresión hacia el macho irresponsable (agresivo, impaciente, hipersexualizado) parece haber alcanzado niveles nunca vistos (…) se encuentra en peligro la propia civilización»[86].

MADRE "DEMASIADO MADRE" VERSUS MADRE "SUFICIENTEMENTE BUENA"

Con la revolución del 68 las mujeres nos independizamos de los hombres, pero al renunciar al padre, caímos en una nueva esclavitud femenina: la dependencia absoluta de los hijos. Es evidente que, en gran medida, ha

---

[84] Como señala Françoise Zonabend (1988), «la prohibición del incesto es el primer acto de organización social de la humanidad». En Edipo Rey, de Sófocles, la muerte del padre desencadena la caótica ruina del goce incestuoso. Vid. al respecto el estudio realizado por M. RECALCATI, *El secreto del hijo. De Edipo al hijo recobrado*, ed. Anagrama, 2020.

[85] M. RECALCATI, *El complejo de Telémaco. Padres e hijos tras el ocaso del progenitor*, ed. Anagrama, 2014.

[86] L. ZOJA, *El gesto de Héctor, Prehistoria, historia y actualidad de la figura del padre*, ed. Taurus, 2018, p. 15 y pp. 282 y 331.

desaparecido el patriarcado, pero no lo es menos que las mujeres lo hemos sustituido, de forma lenta y sutil, en la mayoría de las ocasiones inconsciente, por un "filiarcado" autoimpuesto, al alzar al hijo a la cúspide jerárquica de la institución familiar. Sin embargo, para los hijos, ser sobrevalorados no es fuente de fuerza, sino de una grandísima inseguridad[87].

En un momento histórico-social en el que los hijos son escasos y llegan tras una meditada planificación, a veces, con grandes dificultades dado el retraso en la edad de ser madres, aquellos pueden convertirse con facilidad en el centro de atracción alrededor del cual pivota toda nuestra existencia.

Ahora necesitamos del hombre, la reincorporación del padre, para experimentar una nueva emancipación, esta vez de los hijos; porque la madre debe ser «no-toda-madre»; no madre al cien por cien. Los hijos no deben ser la razón única de nuestra vida, el motivo de nuestra existencia. La mirada de la madre no debe concentrarse en sentido único en la existencia del hijo, debe dejar espacio y tiempo también a su propio desarrollo personal, como mujer (amiga, hija, pareja, profesional).

El hecho de que en la madre aparezca «la mujer» es la salvación, tanto para el niño, como para la propia madre. En este sentido, el padre ayuda a reconducir a la madre a su posición de «mujer» anulando un crecimiento desmesurado y excesivo de su dimensión materna capaz de ahogar su autodesarrollo como fémina. Pues, como considera Fornari, siguiendo a Lacan, «cuando el código materno tiende a perdurar más

---

[87] M. CERIOTTI, *Perfectos imperfectos*, ed. Rialp, 2023, p. 15.

allá del periodo en el que resulta funcional, pone en grave peligro la feminidad»[88].

Toda madre debe aprender a "abandonar" a su hijo en algún momento, hacerle el regalo de su propia ausencia, para así favorecer el crecimiento autónomo del niño y, simultáneamente, su propio crecimiento personal como mujer en otros ámbitos ajenos al estrictamente maternal; incluyendo y priorizando la propia relación de pareja con el padre que saldrá sin duda beneficiada y enriquecida.

Sin embargo, hay madres que, en un ejercicio de amor desmesurado y mal entendido, convierten a sus hijos en «el único sentido de su vida», se anulan como mujeres y renuncian por propia iniciativa a su desarrollo personal en otros ámbitos. Madres que esperan del hijo toda forma de satisfacción o realización personal, que viven a través de la vida de sus hijos, generando en ellos expectativas desmesuradas y distorsionadas. Pero nadie debería estar secuestrado en los sueños de otro; «prisionero en algodones envenenados de otro»[89].

Se produce una esclavitud bidireccional: de la madre hacia el hijo y de este hacia la madre. Están cerrados en un vínculo sin aire. La madre se convierte en la prisión de sus propios hijos: «La madre asfixiante, la madre que no respeta la distancia simbólica necesaria en la relación con su hijo, absorbe al hijo en ella misma dejándose absorber íntegramente por el hijo (…) en una simbiosis mortífera»[90].

---

[88] Citado por M. RECALCATI, *Las manos de la madre. Deseo, fantasmas y herencia de lo materno*, ed. Anagrama, 2018, p. 120.

[89] M. RECALCATI, *La fuerza del deseo*, ed. Spirito, 2018, p.31.

[90] M. RECALCATI, *Las manos de la madre. Deseo, fantasmas y herencia de lo materno*, ed. Anagrama, 2018, pp. 122 y 125.

Cuando el hijo es la razón de la existencia de la madre, el eje en torno al cual gira toda su vida de forma "niñocéntrica", aquel adquiere con asombrosa facilidad la facultad de niño-rey. Especialmente cuando el hijo ha sido muy buscado y deseado, puede suceder que la madre se ponga absolutamente al servicio del niño que es izado a la cúspide de la pirámide de los valores y se convierte en el tirano doméstico[91].

La madre ama tanto al hijo que es incapaz de imponerle el límite, la frustración; está impedida para hacerle el regalo del "no". Este niño no sometido a la frustración y al que su madre satisface hasta el extremo sin descanso, desconoce la carencia (que nos hace percibirnos como seres vivos). Se le da todo, aún antes de pedirlo, acechando a sus necesidades más superfluas y precipitándose ante la más mínima demanda sin tardar. Esforzándose por adivinar sus deseos para colmarlos, evitando que sufra la menor carencia o espera. La inmediatez en la satisfacción de sus deseos e impulsos es la pauta. La madre prolonga sobre el hijo los mecanismos biológicos intrauterinos en los que les hemos hecho adictos al placer e insaciables («el no-tiempo uterino promueve la satisfacción inmediata del menor de los deseos»[92]); adaptándose a la lógica del comportamiento que el embarazo a injertado en su ser. Para este niño cualquier experiencia de pérdida queda excluida. Y el niño, colmado y satisfecho en todo, con el acceso negado a su condición de mortal, paradójicamente no se sentirá nunca vivir[93].

---

[91] A. NAOURI, *Padres permisivos, hijos tiranos*, Ediciones B, 2005, p. 35.
[92] Ibidem, p.315.
[93] A. NAOURI, *Hijas y madres*, ed. Tusquets, 1999, pp. 74 y 94.

Para estos niños acostumbrados a que todos sus impulsos sean satisfechos "a demanda", cada deseo representa una urgencia vital indemorable, un asunto de vida o muerte. El niño crece con ese hábito, de tener siempre lo que quiere y cuando quiere; forma un "yo hedónico" que además será incapaz de tolerar la frustración.

Se instaura así la nefasta y estúpida religión de la "bebelatría"[94]. No existe para este niño el orden de filiación, la ley simbólica de la familia. La pirámide generacional se ha invertido. Y esto le genera una enorme inseguridad, pues vive en el limbo de lo irreal, encerrado en una cárcel invisible de inmadurez psicológica. Los psiquiatras califican estas personalidades como "lactantes psíquicos".

Esta inseguridad puede ser además somatizada por el niño y tener efectos sobre su salud física y mental. Los síntomas de los niños, especialmente aquellos que implican somatizaciones, revelan siempre una profunda conexión con la angustia de la madre, constantemente preocupada por el hijo.

Los hijos deben ser paridos biológicamente pero también psicológicamente por las madres; no pueden permanecer instalados de forma permanente en nuestra mente. Cuando la relación de la madre con el hijo es una relación excesivamente intensa e íntima, cuando la madre se pierde en sus propios hijos, vive solo para ellos, les dedica plenamente su vida, degrada el amor materno y, como señala Recalcati: «La maternidad da paso a un instinto devorador, recíproco por lo general,

---

[94] A. NAOURI, *Padres permisivos, hijos tiranos*, Ediciones B, 2005, p. 240.

entre madre e hijo: la madre absorbe al hijo que a su vez absorbe a la madre»[95].

La madre ama con tal potencia al hijo que lo aniquila como ser independiente, se genera un universo cerrado, un vínculo sin aire, una relación sofocante, versión patológica del amor; todo gira en torno a él, no es capaz de hacerle la donación del desapego. Sin separación no hay crecimiento posible. Se produce una insana mutua interdependencia, pues el seno materno es acogedor, pero al mismo tiempo profundamente limitativo, la relación con la madre es esencial, en especial durante el primer septenio de vida de la criatura, pero no puede ser exclusiva y excluyente y el instinto de donación corre el peligro de transformarse con facilidad en instinto de posesión y exclusión[96].

Enteramente al servicio del hijo, la madre no duda en alzarse a una verdadera operación de seducción para con él[97]. Pero seducir a un niño equivale a destruirlo. La relación que ha tenido con el niño desde la gestación es de tal intensidad que teje alrededor de este un «útero virtual perenne y extensible hasta el infinito», con el fin consciente o no, de mantenerlo indefinidamente en su interior[98].

---

[95] M. RECALCATI, *Las manos de la madre. Deseo, fantasmas y herencia de lo materno*, ed. Anagrama, 2018, pp. 121-122.

[96] Dolto interpreta el milagro de la resurrección del hijo de la viuda de Naín, como una muerte provocada por la posesión absorbente de la madre viuda que acaba matando psíquicamente al hijo varón con el que ha creado una relación de pareja, una insana mutua interdependencia, regresiva y esclerotizante. Con la resurrección del niño, Jesús lo libera de la muerte que representa la relación sofocante con su madre que le cerraba el camino de su propio destino. F. DOLTO, *El evangelio ante el psicoanálisis*, ed. Cristiandad.

[97] A. NAOURI, *Padres permisivos, hijos tiranos*, Ediciones B, 2005, p. 238.

[98] A. NAOURI, *Educar a nuestros hijos. Una tarea urgente*, ed. Taurus, 2008, p. 141.

136

La madre que está enamorada de sus hijos, que siente "pasión" por ellos, los maltrata sin ser consciente. Porque, como señala Neuburger, toda pasión devora, es posesiva, excesiva[99].

Además, vivir por y para los hijos, especialmente si son varones, puede tener nefastas consecuencias en la personalidad de aquellos a largo plazo, pues las dinámicas afectivas aprendidas en el trato con la madre se repiten luego inconscientemente en todas las relaciones afectivas. Y el niño consentido tendrá el deseo de tiranizar el resto de sus relaciones y de que cualquier mujer que entre en su vida viva para él y haga todo lo que él le diga, como sucedió con su madre en un régimen de semiesclavitud machista y trasnochada intolerable. De este modo, se les incapacita para amar en plenitud[100]. En este sentido, recuerda Dolto, que «el hijo no debe ser colocado en el centro sino en la periferia, a fin de que pueda contemplar el mundo del adulto: sin ese carácter periférico, nunca tendrá ganas de crecer, y prefiriendo su posición como ombligo del mundo bajo las faldas de su madre, le será dificultoso volverse hacia fuera, a otra mujer, a otro tiempo»[101].

La madre perfecta no es una buena madre

Podemos decir en este sentido que la madre "perfecta" –siempre presente, siempre atenta, constantemente preocupada

---

[99] Vid. al respecto R. NEUBURGER, *Existir. El más íntimo y frágil de los sentimientos*, ed. Kairós, 2020, p. 108.

[100] O. POLI, *Madres demasiado madres*, ed. Rialp, 2011, p.41.

[101] Citado por F. HADJADJ, *¿Qué es una familia? La trascendencia en paños menores*, ed. Nuevo Inicio, 2015, pp.41-42.

por el hijo– no es una buena madre. Algo afirmado por pediatras de diferentes épocas desde hace décadas.

Winnicott, mantiene que una madre perfecta no es una buena madre en la medida en que su presencia es excesivamente invasiva; no es capaz de regalar el desapego al hijo, cierta distancia necesaria para adquirir su autonomía e independencia. Esta fase de "desfusionamiento primario", en un marco de pertenencia y aceptación por parte de la madre, es vital pues permite que el hijo adquiera la sensación de existir[102]. En este sentido, advierte que basta con ser una madre "suficientemente buena"; una madre que atiende con afecto al hijo en sus necesidades, pero que tiene vida propia e independiente, no vive por y para él, convirtiéndole en un ser débil y dependiente.

En su práctica médica privada, durante los años cincuenta, Winnicott notó que las mujeres de más bajos recursos, que no tenían la posibilidad de dedicarse en cuerpo y alma a su prole, seguían sus instintos a la hora de criar a sus hijos, y estos eran más independientes y felices que aquellos que crecían bajo la constante y rígida atención materna. Su teoría era que fallar y estar en cierta medida ausente era una parte necesaria en la crianza del hijo, ya que, de esta forma, el niño aprende sobre la realidad de un mundo imperfecto. Si eres perfecta tu hijo no experimenta la imperfección y no tiene que realizar sus propias adaptaciones a tus imperfecciones, que podrían fortalecer su desarrollo[103].

---

[102] Vid. al respecto R. NEUBURGER, *Existir. El más íntimo y frágil de los sentimientos*, ed. Kairós, 2020, p.38.

[103] D. WINNICOTT, (1957) *Conozca a su niño. Psicología de las primeras relaciones*, Barcelona, ed. Paidós, 1970; (1957) *El niño y el mundo externo*, Buenos Aires, ed. Lumen, 1993; (1958) *Escritos de pediatría y psicoanálisis*,

Distintas investigaciones de la época demostraban asimismo que aquellas madres que trabajaban fuera del hogar, además de criar a sus criaturas, tenían hijos más equilibrados, menos dependientes[104].

En la misma línea, el Dr. Spock, con una inmensa influencia en la sociedad de los años sesenta y setenta, reconoció que los niños cuyas madres tenían un propósito de vida más allá de la maternidad, parecían en cierta medida más estables, adaptados y maduros, que los niños cuyas madres a tiempo completo no hacían más que preocuparse por ellos. Aquellas madres parecían más seguras de sí mismas y transmitían esta sensación de seguridad a sus vástagos[105].

También el Dr. David Levy, en un famoso estudio acerca de la sobreprotección maternal, analizó con exhaustivo detalle el caso de veinte madres que habían causado un serio perjuicio a sus hijos, hasta un grado patológico, debido a la "infantilización, indulgencia y sobreprotección" a la que les habían sometido. Levy mantenía que la sobreprotección maternal producía una patología en el niño cuando la madre tenía bloqueado el acceso a otros canales de expresión[106].

Asimismo, el Dr. Green, sociólogo, observó que aquellos niños de madres que, por las circunstancias,

Barcelona, ed. Paidós, 1998; (1965) *La familia y el desarrollo del individuo.* Buenos Aires, ed. Hormé, 1995; (1965) *Los procesos de maduración y el ambiente facilitador, Barcelona,* ed. Paidós, 1992.

[104] L. M. STOLZ, *Effects of maternal emplyment on children: evidence from research, Child Development,* vol. 3, n.4, 1960, pp.749-782.

[105] B. SPOCK, *Russian children don't whine, Spabble or Break Things-Why?, Ladies'Home Journal,* octubre 1960.

[106] D. LEVY, *Maternal overprotection,* Nueva York, 1943.

no podían dedicarles todo su tiempo, eran más libres, llegando a la conclusión de que era la ausencia del omnipresente amor materno lo que explicaba por qué estos niños no sufrían los síntomas neuróticos que solían hallarse con frecuencia en las criaturas de clase media alta donde las madres se dedicaban solo al cuidado de la prole. Green sostuvo que lo que provocaba la neurosis infantil era el proceso de "absorción de la personalidad" que las madres llevaban a cabo sobre sus hijos y que generaba una ciega dependencia de la madre; una "absorción del yo independiente de la criatura" que provocaba una excesiva y enfermiza necesidad de amor: «Las necesidades de amor que tienen las niñas y niños se experimentan precisamente porque han sido condicionados para necesitar ese amor (…) condicionados a una ciega dependencia emocional (…) En la raíz de las neurosis modernas más características se halla, no la necesidad de amor materno, sino la constante amenaza a perderlo después de que la criatura se haya visto condicionada a necesitarlo. En la medida en que la personalidad de la criatura ha sido absorbida, este tipo de trato acabará sumiéndola en el pánico»[107].

Ya desde los años cuarenta, «los psicólogos infantiles analizaban la existencia de una simbiosis psicológica o emocional entre la madre y la criatura en la que el amor materno ocupa el lugar del líquido amniótico que rodeaba y alimentaba permanentemente al feto en el útero. Esta simbiosis emocional alimenta la psique de

---

[107] A. W. GREEN, *The middle class male children and neurosis, American Sociological Review,* vol II, n. 1, 1946.

la criatura hasta que está dispuesta a nacer psicológicamente por así decirlo»[108].

El psiquiatra Strecker, también advirtió del terrible efecto que la dependencia materna generaba en los descendientes varones que «carecían de la suficiente madurez para enfrentarse a la vida, para convivir con otras personas, para pensar y valerse por sí mismos». Eternos bebés incapacitados para ser hombres. Y se refería a estas mujeres con las siguientes palabras: «La madre ella misma inmadura, engendra inmadurez en sus hijos y estos se ven totalmente condenados a unas vidas de insuficiencia e infelicidad, tanto a nivel personal como social (…) Estas mamás son mujeres cuyo comportamiento maternal viene motivado por la búsqueda de una recompensa emocional a los golpes que la vida le ha dado a su propio ego. En su relación con los hijos, cada acto, prácticamente cada respiración están diseñados de manera inconsciente única y exclusivamente para absorber a sus hijos desde el punto de vista emocional y para atarlos a ella con firmeza (…) Lo más probable es que la mamá sea dulce, abnegada y que adore a sus hijos (…) nunca deja de preocuparse y no se ahorra ningún esfuerzo (…) Todo absolutamente todo, lo piensa por ellos (…) Esta dominación resulta a veces dura y arbitraria, pero es casi siempre suave, persuasiva y en cierto modo artera (…) Cualquier cosa que los niños necesiten o quieran, mamá se la dará. Es el hogar perfecto (…) Incapaz de encontrar un remanso de paz comparable en el mundo exterior, es bastante probable que uno o

---

[108] B. FRIEDAN, *La mística de la feminidad*, novena edición, Ediciones Cátedra, 2020, p. 350.

más individuos de la prole regresen al feliz hogar, como si fuera el útero materno». Estas madres sentían cierta «satisfacción emocional, casi la sensación de saciedad, al tener a sus hijos chapoteando alrededor en una especie de fluido amniótico psicológico en lugar de dejar que se marchen del útero materno a nado dando las vigorosas y decisivas brazadas de la madurez»[109].

Liberar al hijo, dejarle ir, favorecer el desapego, regalarle la libertad por amor, es una tarea prácticamente imposible para muchas madres que acaban vinculando al hijo a sí mismas, haciendo que se sienta amado y sutilmente culpable cada vez que se distancia emotivamente de ellas.

Madres que no pueden soportar obligarles a hacer lo que no quieran hacer, ni siquiera a tomar medicamentos cuando están enfermos. No soportan que se sientan desgraciados o se enfaden con ella. Siempre comprensivas, pacientes. Con sentimiento de culpabilidad cuando se alejan de ellos, aunque sea unos pocos minutos, siempre concentradas en ser una buena madre; una madre "perfecta".

Estos excesos maternos que tienen como fin dar a los hijos la «mejor vida» posible, acaban construyendo personalidades débiles y dependientes, pasivas, inmaduras y vulnerables, a veces cargadas de ira o hundidas en la depresión. En estas circunstancias, como señala Friedan: «Las madres habían estado engañando a sus hijos e hijas, deteniendo su propio crecimiento mental»[110].

---

[109] E. STRECKER, *Their Mother's Sons*, Filadelfia y Nueva York, 1946, pp. 31 y ss.
[110] B. FRIEDAN, *La mística de la feminidad*, novena edición, Ediciones Cátedra, 2020.

La dación de amor de las madres, el instinto amoroso materno, puede volverse en nuestra contra pues un amor ilimitado puede asfixiar a los hijos. En una desviación de la maternidad, la madre se transforma de generadora de vida en "trampa mortal"[111].

Algunas madres, intentan evitar al niño cualquier sufrimiento, esfuerzo o pena, y acaban provocando personalidades narcisistas, egoístas, individuales, ajenas a las necesidades de la familia y la sociedad. Niños tiranos con todos los derechos y ningún deber, pues la madre y su función materna no es por lo general capaz de limitar los naturales deseos de omnipotencia del niño. Además, a largo plazo, estas madres acaban convirtiéndose en «esclavas» de los hijos. Si el hijo no encuentra límite a sus apetencias se convertirá en un ser despótico y falto de respeto hacia los que le rodean. Estas madres no logran hacerse obedecer e incluso, en ocasiones, llegan a ser agredidas por un hijo al que no han puesto límites[112]. En palabras de Poli: «Se crean las condiciones psicológicas de insaciabilidad típicas del hijo que siempre quiere más, que no está nunca contento con lo que tiene y no valora lo que posee»[113].

---

[111] M. CERIOTTI, *Erótica y materna. Un viaje al universo femenino*, ed. Rialp, 2019, p. 65.

[112] Los procedimientos a menores por violencia contra sus padres o madres no cesan de aumentar. En la Comunidad de Madrid, por su parte, durante 2018 se abrieron 686 expedientes a menores por delitos por este motivo, lo que la sitúa como la tercera Comunidad que registra más casos, por detrás de Andalucía y Comunidad Valenciana. No obstante, es preciso tener en cuenta que estos datos solo señalan las situaciones más graves, ya que existe una cifra oculta que no se detecta porque no se llega a la denuncia.

[113] O. POLI, *Corazón de padre*, ed. Palabra, 2012, p. 116.

La ausencia de sufrimiento provoca en el hijo que se perciba a sí mismo por encima de las leyes de la vida, como si nada grave pudiera nunca sucederle. Cuando el hijo sea adulto seguirá pensando que los demás deben solucionar sus problemas, atender a sus necesidades y eliminarle las dificultades de la vida, como siempre lo hizo su madre. Culpará siempre a otros de sus desgracias y no será capaz de superar las frustraciones o los obstáculos de la vida diaria y actuará como un tirano, siempre descontento con el mundo. Como señala al respecto el psiquiatra brasileño Augusto Cury: «Hemos creado un invernadero para nuestros hijos, que se han convertido en la generación más insatisfecha, ansiosa y desmotivada que ha pisado el planeta Tierra»[114].

Estas conductas inadaptadas son pasos hacia la descomposición social, hacia la negativa a aceptar cualquier tipo de autoridad dentro de la sociedad[115]. En este sentido Risé afirma con contundencia: «Cualquier psicólogo o educador conoce bien la angustia característica del niño mimado, al que se trata de evitar lo más posible la experiencia del límite, de la prohibición, de la regla (…). En realidad, y a nivel más hondo, busca desesperadamente un límite, una detención, una norma (…) busca de cualquier modo satisfacer su necesidad de una ley»[116].

---

[114] A. CURY, *Nunca renuncies a tus sueños*, ed. Zenith/Planeta, 2012.

[115] En este sentido, es interesante la obra de L. BUI TRONG, especialista en violencia urbana, *Violences urbaines. Des vérités qui dérangent (Document Temoignage)*, 2000; *Les racines de la violence: De l'émeute au communautarisme*, 2003.

[116] C. RISÉ, *El padre. El ausente inaceptable*, ed. Tutor, Psicología, 2006, p. 29.

Debemos cortar de raíz la ilusión del niño de una igualdad de poderes o prerrogativas y situarle en su lugar, poniendo a raya su propensión a la tiranía y su ilusión de omnipotencia y desengañándole de la convicción, que hasta entonces tenía, de ser un pequeño dios al que por naturaleza se le debía todo.

El escritor inglés, D. H. Lawrence, también creía que no hacer mucho caso a los críos era lo más conveniente para su bienestar. Sus tres reglas para empezar a educarles eran: «Dejarlos en paz; dejarlos en paz y dejarlos en paz».

En la misma línea, la psicóloga Maribel Martínez recomienda aplicar lo que denomina la "sana desatención", consistente en no anticipar posibles contratiempos[117]. Esto favorece el desarrollo de la paciencia del niño, su resiliencia y le pone en su lugar, haciéndole consciente de que no es el rey de la casa y de que no tiene derecho a todo lo que quiere, cuándo y cómo lo quiere. Además, favorece en el hijo el desarrollo de sus propias capacidades para "buscarse la vida" en determinadas situaciones y el niño percibe que sus padres depositan en él su confianza, lo que a su vez le ayudará a ser autónomo y a madurar.

Es lo que hoy en día el pediatra Naouri denomina la madre "correctamente maternizante". «La convicción de haber sido amado por una madre correctamente maternizante confiere durante toda la vida, tanto a un hombre como a una mujer, un sentimiento de seguridad (...) Las madres animales, programadas para hacer combativos a sus vástagos, y para permitirles vivir

---

[117] Citados por E. MILLET, *Hiperpaternidad*, ed. Plataforma Actual, 2016, p. 11.

en una naturaleza profundamente hostil, no dudan en maltratarlos para alejarlos de ellas mismas»[118].

La sobreprotección es maltrato —una autosuficiencia tan frágil que se hace añicos al menor contacto con la realidad— porque no damos a los niños los instrumentos que precisarán luego para su supervivencia más elemental. Crecerán con miedo y no disfrutarán de un mundo que está lleno de peligros, pero es al mismo tiempo maravilloso y apasionante. El amor, como afirma Luri, es una moneda de dos caras: la de la aceptación del ser amado por ser quien es y la de la exigencia al ser amado para que esté a la altura de quien es. Cada cara corrige los excesos de la otra, permitiendo así que la aceptación no degenere en indulgencia (por miedo a decir "no") y la exigencia en frustración (por demandas excesivas)[119].

LA MADRE QUE DESCONFÍA DEL PADRE. LAS FAMILIAS "MATRIFOCALES"

Actualmente, hay mujeres que, aunque estén inmersas en el mundo laboral, algunas con elevada formación y puestos de alta responsabilidad, cuando han sido madres, asumen plena y totalmente la atención y crianza de los hijos por desconfianza hacia el padre; cargando así con la doble y ardua tarea del cuidado de los hijos y el desarrollo profesional.

---

[118] A. NAOURI, *Hijas y madres*, ed. Tusquets, 1999, pp. 75 y 190.

[119] G. LURI, "La familia como unidad de amor y disciplina", Aceprensa, junio 2023.

Desde la revolución del 68, se ha ido paulatinamente exigiendo a los hombres que se comportasen como una "mamá-bis", que ejercieran su paternidad como si de una madre defectuosa se tratase, que se maternizasen, copiando los modelos típicamente femenino-maternales. En caso contrario, el padre es objeto de críticas y censuras, tachado de autoritario o perjudicial; optando en último término por prescindir de él en la labor de crianza y educación de la prole.

El mantra social actual, que considera que el hombre no es apto, que es incluso perjudicial y perturbador para los hijos, un estorbo prescindible, ha favorecido que algunas mujeres duden de las aptitudes y habilidades masculinas para encargarse de los niños y solo les permitan hacerlo en la medida en que desarrollen sus labores "como lo haría una madre". Estas mujeres asumen la crianza de los hijos como "cosa suya". Un poder al que no están dispuestas a renunciar.

Mujeres que sufren un "prejuicio de inutilidad masculina" que las incapacita para ceder el espacio y protagonismo que el padre merece y al que tiene derecho; provocando así una indeseable distancia emocional entre el padre y los hijos que lo ven como una persona abstraída de las decisiones diarias y ajeno al hogar. Familias donde el padre está físicamente presente, pero simbólicamente ausente, no es representativo para los hijos porque no lo es en absoluto para la madre; un extraño, alguien ajeno a la vida ordinaria del hogar. La madre se ha encargado de que se mantenga al margen de la vida de los hijos por considerarle poco apto, patoso, carente de la calidad requerida, por no hacer las cosas "exactamente como ella". Cuando el padre no es significativo para la madre, el niño lo percibe y él mismo se coloca en su lugar convirtiendo la función paterna en inexistente.

Se trata de mujeres que sienten que compartir los espacios integrales de la crianza es ver debilitado su rol materno y, en consecuencia, un pilar fundamental de su feminidad y autoestima[120]. Como afirma Lipovetsky, el compromiso femenino en la esfera doméstica corre parejo con formas de poder que, pese a ser privadas, no por ello revisten un menor grado de una importancia capital. Incluso en nuestros días, la cuestión del "poder materno" sigue siendo candente: numerosas mujeres toleran mal el hecho de que el padre se ocupe demasiado de la casa y de los hijos. En un estudio realizado por este autor en los años ochenta, llegó a la conclusión de que del 60 al 80 % de las mujeres norteamericanas no deseaban una mayor participación por parte de los padres y preferían que se mantuvieran al margen[121].

Muchas madres viven con orgullo su capacidad para hacer frente al trabajo profesional y a las tareas maternas. Así reciben la doble satisfacción de dominar dos universos: el laboral y el hogar familiar. Este, a su vez, acompañado de gratificaciones como: perspectiva de sentido de la vida; posición de poder; afirmación identitaria; autonomía organizadora; capacidad de imponer los criterios propios; fronteras personales; forma de controlar un territorio y construir un mundo propio íntimo, emocional y comunicacional. La doble misión les significa

---

[120] S. SINAY, *Ser padre es cosa de hombres,* ed. Del Nuevo Extremo, Argentina, 2012, p.42.

[121] G. LIPOVETSKY, *La tercera mujer,* ed. Anagrama, 1999.

una carga, pero también una manera de seguir controlando un poder que no desean compartir. De manera que el hecho de que la mujer, incluso la que tiene fuera un desarrollo profesional, siga dedicándose a tales tareas no puede explicarse como un mero vestigio del pasado impuesto desde instancias externas[122].

Es lo que algunos psicólogos denominan familias "matrifocales". En estos supuestos, el padre desplazado, no encuentra espacio entre la madre y el hijo. El espacio paterno resulta invadido por la madre. El padre debe quedar como un espectador externo benévolo de la relación madre-hijo; es el inoportuno, el no deseado, un estorbo. La madre "secuestra emocionalmente" a los hijos para preservarles frente a la nefasta influencia paterna. Como señala Poli, en estas circunstancias se crea una alianza madre-hijo: "«Están siempre de acuerdo, se respaldan y defienden el uno al otro, ateniéndose a un pacto no escrito de defensa recíproca. Mujer e hijo se mueven como perfectos aliados. Progresivamente el padre queda encasillado en la figura del perdedor y queda encerrado en el estereotipo del malo, de persona con un carácter insoportable. Se sentirá generalmente en minoría hasta acabar recluyéndose definitivamente en sí mismo»[123].

La paternidad no se puede entender y no adquiere toda su eficacia si no es en articulación y como complemento de la maternidad. Por mucho que un padre se esfuerce en ser un «buen padre», el niño lo negará y lo verá como un extraño del que hay que desconfiar si la madre no le concede el valor debido. El niño,

---

[122] Ibídem, pp. 235-238 y 261.
[123] O. POLI, *Corazón de padre*, ed. Palabra, 2012, pp.29 y 30.

cuando es pequeño, ve el mundo a través del prisma de la madre y realiza asimismo la interpretación de lo válido e incorrecto a través de los ojos y perspectiva de aquella. La comunicación paterno-filial en los primeros años de vida del hijo solo se puede construir sobre un modelo fiable y perceptible a través de la intermediación de la madre que deberá actuar como una traductora amable y fiel, capaz de dar al niño, en el idioma que tienen en común desde la gestación, los subtítulos que le permiten comprender el idioma del padre. Por ello, aquella debe presentar al padre como interlocutor válido ante el niño. La madre es la responsable de introducir al padre en el mundo del niño como superior jerárquico, pero al mismo tiempo como asidero afectuoso, validando su presencia y sus acciones, aunque sean muy diferentes a las que ella mantiene y desarrolla a diario.

Si el padre no es representativo para la madre el niño lo percibirá y tampoco lo será para él. Será precisamente la palabra de la madre la que atribuya, o no, la justa autoridad simbólica a la palabra del padre. Será la forma en que la madre habla a sus hijos del padre la que autorizará, o no, la palabra del padre, la cual, por lo tanto, vive en estrecha relación con la palabra materna[124]. En este sentido, una "buena madre" será aquella que designe al padre ante el hijo, lo reconozca como interlocutor válido y le introduzca en el mundo simbólico al concederle ante los ojos del niño una importancia tan significativa como la que ella misma posee.

---

[124] M. RECALCATI, *¿Qué queda del padre? La paternidad en la época hipermoderna*, ed. Xoroi Edicions, 2011, p. 48-49.

Madre y padre deben formar un tándem inescindible, una unión inquebrantable frente al hijo, y este debe percibirlo así desde los primeros instantes de su vida y para siempre, pues la experiencia demuestra que incluso los hijos adolescentes se muestran reticentes a aceptar un mensaje del padre si no lleva implícito o explícito "el sello favorable" de la madre[125].

Para que esto sea una realidad, la mujer debe comprender y respetar las características de la masculinidad. Es importante que la mujer permita que los hombres colaboren sintiéndose respetados en sus pautas masculinas de actuación. Esto sin duda favorecerá su integración en la vida diaria de la familia, liberará a la mujer de muchas cargas y permitirá la presencia y el protagonismo del padre en la crianza de los niños y labores del hogar, dando un importante ejemplo a los hijos y favoreciendo el equilibrio de la familia en la que ambos, hombre y mujer, padre y madre, cada uno a su manera, masculina y femenina, enriquecen la personalidad de los hijos. La mujer que respeta al hombre y le permite cumplir el cometido que le corresponde en complicidad y complementariedad con ella, será una buena madre en la medida que le permite a él ser padre[126]. Esto trasciende a las coyunturas, como puede ser un divorcio. Nada de lo dicho aquí pierde su significado si una pareja se separa. Porque si bien es cierto que un hombre y una mujer pueden separarse, nada les autoriza a divorciarse (ni a divorciar al otro) de sus hijos.

[125] A. NAOURI, *Educar a nuestros hijos, una tarea urgente,* ed. Taurus, 2008. p. 111.

[126] Vid. al respecto, M. CERIOTTI, *Erótica y materna. Un viaje al universo femenino,* ed. Rialp, 2019, p. 53.

LA MADRE VÍCTIMA Y LA MADRE ARREPENTIDA

La madre víctima es, en cierta medida, el resultado inevitable de las desviaciones maternas previamente expuestas. Es aquella madre desilusionada con las expectativas que tenía acerca de la maternidad y que queda sobrepasada por el realismo trágico de todos los aspectos negativos de esta experiencia (cansancio, puerperio, falta de tiempo para una misma, dificultades para la integración de la vida laboral y familiar, pérdida de la esbeltez corporal...) que resultan maximizados y que le impiden percibir la auténtica belleza de ser madre.

La patente ausencia extendida de hijos a nuestro alrededor hace que tengamos en ocasiones una imagen distorsionada de lo que es realmente ser madre, una imagen edulcorada, mitificada y, en definitiva, falsa que es transmitida por algunas mujeres en las redes sociales y medios de difusión.

Además, el individualismo, la conducta hedonista, la satisfacción incesante de mis deseos por medio de experiencias constantes, el cambio frecuente y sin compromiso de relaciones, en suma, todo lo que encumbra hoy en día nuestra civilización, constituye la peor guía o manual para enfrentarse a la maternidad. Quejarnos de las complicaciones y dificultades que acarrean los hijos en nuestra economía, tiempo libre, relaciones sociales, estados de ánimo y aspecto físico, está hoy de moda. Estos mensajes negativos se difunden con absoluta normalidad en las redes sociales y medios de difusión, acaparando una atención y aquiescencia desmedidas. Es lo que Manson denomina el "victimismo *chic*". Según este autor, compartir públicamente injusticias atrae "mucha más atención y efusión emocional que la mayoría de otros eventos en las redes sociales, recompensando a las personas que pueden sentirse perpetuamente víctimas con cantidades cada vez mayores de atención y simpatía"[127].

En la misma línea, Scott Lyons, psicólogo, apuntaba que en Occidente estamos viviendo una epidemia de dramatismo, en parte, por las redes sociales y la consiguiente economía de la atención. «El mundo entero es nuestro escenario para representar este gran drama y que se premie con *likes*»[128].

Esto no significa que las víctimas no existan. Por supuesto que existen. Pero como explican los investigadores de la Universidad de Tel Aviv en *The Tendency for Interpersonal Victimhood: The Personality Construct and its consequences*: «La mentalidad victimista se desarrolla incluso sin experimentar un trauma o una victimización grave»[129].

Asimismo, el injusto e irrespetuoso desprecio por la experiencia de generaciones pasadas de madres, considerándolas anticuadas y ancestrales, y por ello descartadas como modelos a seguir, nos convierte en sordas y ciegas ante las historias maternales de nuestras antecesoras, que son historias de amor, y provoca que creamos que "lo sabemos todo" sobre cómo ser madre, cuando la realidad es que no sabemos nada. Vivimos una época

---

[127] M. MANSON, *The subtle art of not giving a f*ck*, ed. Harper Collins, 2016.

[128] S. LYONS, *Addicted to drama. Healing dependency on crisis and chaos in yourself and others*, ed. Hachette Go, 2023.

[129] H. FARRÉ VALLEJO, *La cultura del victimismo. Autoindulgencia chic*, Revista Aceprensa, 16 septiembre 2023.

de «animadversión por lo heredado»[130]. Chapoteando en la ignorancia y la confusión, la maternidad se antoja un camino tenso y largo, repleto de desilusiones y frustración cuando no hemos tenido el consejo cariñoso y auténtico de las verdaderas expertas: nuestras madres y abuelas, capaces de mostrar, desde la intimidad del amor, la verdad de la maternidad tal y como la han vivido, normalmente en circunstancias mucho más difíciles que las actuales.

Nadie dijo que ser madre fuera una labor sencilla. Cuando los niños abundaban en la sociedad teníamos la oportunidad constantemente de observar qué era la maternidad real, con su parte buena y su parte sacrificada y menos atractiva (los lloros, los pañales rebosantes, las rabietas, la disminución de la vida sexual y del ocio, el terror interminable a que les suceda algo, las noches sin dormir, la casi siempre imposible conciliación). Pero esta segunda parte, no gusta en una sociedad narcisista y egoísta que no sabe amar y que, en consecuencia, no está dispuesta a pensar en los demás antes que en uno mismo. Sin herramientas para gestionar determinadas situaciones frustrantes que acompañan necesariamente a la maternidad, nos sentimos víctimas y la situación nos supera, especialmente en el caso de madres maduras cuando resulta realmente agotador enfrentarse a los altibajos de la perimenopausia y menopausia con bebés correteando por la casa y robándonos horas de sueño.

Incapacitadas para comprender que la felicidad no es sinónimo de bienestar, en nuestra sociedad occidental,

[130] J.C. RUIZ, *Filosofía ante el desánimo. Pensamiento crítico para construir una personalidad sólida*, ed. Planeta, 2022, p. 127.

el victimismo se ha convertido en un nuevo discurso feminista estandarizado. Ser mujer es ser víctima, sobre todo si se es madre. Ser víctima está de moda en el nuevo feminismo, porque esta postura es mucho más cómoda que mostrarse fuerte, independiente y estoica. La víctima es el héroe de nuestro tiempo. Sentirse víctima se ha acabado convirtiendo en una señal de prestigio, porque «exige escucha, promete y fomenta reconocimiento, activa un potente generador de identidad, de derecho, de autoestima. Inmuniza contra cualquier crítica, garantiza la inocencia más allá de toda duda razonable»[131].

La victimización es una de las mayores perversiones del feminismo. De este modo, el poder público carga con la tarea de solucionarnos los problemas y facilitarnos la vida, como si de niñas incapaces de valernos por nosotras mismas se tratase. Lo cual sin duda resulta cómodo, aunque perjudicial, porque no nos permitimos madurar y crecer como personas autónomas y verdaderamente libres.

La victimización es una forma de atraer simpatía, por lo que, en lugar de enfatizar su fuerza o su valor interior, los agraviados enfatizan su opresión y marginación social[132].

Algunas de estas madres son además madres "arrepentidas"; mujeres que ven a sus hijos como una carga que nunca debieron asumir, una penitencia que ha arruinado sus vidas encadenándolas para siempre a sus vástagos a los que preferirían no haber traído al mundo.

---

[131] D. GIGLIOLI, *Crítica de la víctima*, ed. Herder, 2020.

[132] B. CAMPBELL AND J. MANNING, *Microaggression and Moral Cultures*, Brill, Comparative Sociology, 2014.

Sienten la maternidad como una molestia insoportable, y desearían eliminarla porque les impide dedicar su tiempo y sus recursos a otra cosa. Como señala una de las mujeres entrevistadas en el libro de Donath, *Madres arrepentidas*: «Más bien es una cuestión de tener que renunciar a mi vida. En lo que a mí respecta, es una renuncia demasiado grande». Otra mujer afirma: «No me identifico con ninguna de las cosas que dice la gente (...) Para mí no es más que una carga insoportable (...) si no hubiera tenido hijos, mi vida sería mucho mejor. No tengo la menor duda»[133].

La mayoría de las mujeres entrevistadas afirman que fueron madre por presión social. Pero, como afirma Lipovestky, habría que estar ciego para no ver que la condición de madre es algo más que una forma de sometimiento a unos roles impuestos desde fuera. La relación privilegiada con los hijos reduce la implicación profesional de las mujeres, pero enriquece su vida relacional o emocional; supone un hándicap en la conquista de posiciones jerárquicas, pero dota la existencia de una dimensión de sentido particularmente intensa. En una época histórica y social en la que el momento y la manera de tener hijos, así como su número, se eligen libremente por la mujer, no tiene sentido ver la maternidad como una forma de esclavitud, sino como una decisión libre personal; no como un pesado fardo, sino como un enriquecimiento personal; menos como una carga monótona y aburrida que como una fuente de sentido; menos

---

[133] Vid. al respecto, la obra de O. DONATH, *Madres arrepentidas. Una mirada radical a la maternidad y sus falacias sociales*, ed. Reservoir Books, 2016.

como una injusticia que recae sobre las mujeres y más como una realización identitaria que no constituye ningún obstáculo para la autonomía individual[134].

Las mujeres que optan por implicarse en la familia por amor, por supuesto también experimentan sentimientos de ansiedad, agotamiento e incomprensión, pero no sufren sensaciones de pesadumbre y monotonía constantes, de forma cronificada, pues son capaces de encontrar en la repetición de la vida familiar, el detalle asombroso, la experiencia de lo nuevo, lo inédito, lo inesperado; abrazan su realidad y aman lo que tienen sean cuales sean las circunstancias. Por el contrario, si vivimos sólo en la superficie de las cosas, rechazamos lo que no entendemos, lo que duele, cuesta o nos frustra[135].

La maternidad tiene momentos difíciles, abrumadores, aburridos, agobiantes; pero lo mismo sucede en el trabajo. Hacer informes o subir datos a una plataforma no es necesariamente más liberador o emocionante que hacer una papilla o cambiar un pañal. Toda opción de vida tiene luces y sombras. Toda decisión supone ganancias y pérdidas.

Y sí, obviamente, hay momentos en que echamos de menos "aquella vida" que teníamos antes de convertirnos en madres, pero al mismo tiempo carecemos de palabras para explicar la sensación de felicidad indescriptible que nos produce la mirada o la sonrisa de nuestros hijos. Una sonrisa, una epifanía. Una mirada, un éxtasis. Una palabra "de trapo", una plenitud inaudita. Y somos

---

[134] G. LIPOVETSKY, *La tercera mujer*, ed. Anagrama, 2013, pp. 235-338.

[135] J. LANGFORD, *Madre Teresa. Al amparo de Nuestra Señora*, ed. Planeta testimonio, 2011, p. 82.

conscientes de que la maternidad implica problemas y obstáculos, pero también de que nos hace mejores. El problema real de fondo es que hemos perdido la capacidad de amar y, en consecuencia, nuestro umbral de sacrificio está muy debilitado. El amor vivo excluye por principio la renuncia o la resignación. El milagro más propio del amor es hacer de lo mismo, lo nuevo. Las labores repetitivas no se vuelven tediosas y no aniquilan el amor, sino que lo vuelven infinito[136].

---

[136] M. RECALCATI, *Retén el beso*, ed. Anagrama, 2023, pp. 128 y 130.

5.
LA MADRE "SUFICIENTEMENTE BUENA"

LA MUJER SERÁ ENTERAMENTE feliz cuando realice plenamente sus potencialidades, renuncie a continuar fragmentada y deje de relegar, postergar, negar y reprimir partes esenciales de sí misma.

Tenemos derecho a una maternidad serena, tranquila, compatible con el desarrollo profesional y personal. A una maternidad descuidada, dulcemente descuidada o imperfecta, en la que el hijo no sea el centro de nuestra vida, no sea la razón de nuestra existencia y que, por ello, permita a la mujer desarrollar también en plenitud, no solo su parte materna, sino asimismo su parte erótica, personal, de pareja, amiga, profesional.

Tenemos derecho, una maternidad sensatamente imperfecta, en la que podamos disfrutar de una «percepción serena de la normalidad de la imperfección»[1].

---

[1] M. CERIOTTI, *La familia imperfecta. Cómo convertir los problemas en retos*, ed. Rialp, 2019, p. 29.

Una maternidad, "suficientemente buena"[2], "correcta-mente maternizante"[3]. La tarea principal de una madre es la de no convertirse en "madre por entero", es decir, la de existir como mujer más allá de la existencia del propio hijo[4].

El no ser solo madre, toda madre, demasiado madre, concede a la mujer la tranquilidad de espíritu necesaria para desarrollarse también en otras facetas de su vida y ser así más libre y completa. La buena madre es la "no-toda-madre" porque permite al hijo experimentar el regalo de su ausencia que hace posible su acceso al mundo de los símbolos y de la cultura y lo inserta en el tiempo y en la historia. Le muestra al hijo, sin remordi-mientos, que él no constituye la totalidad de su univer-so, que tiene otros intereses reales en su vida. Y, como señala Naouri, esa madre, experimentará una sensación de pérdida de su estatus de omnipotencia y de poder exclusivo sobre el hijo, pero al mismo tiempo esa pér-dida le confiere a su vida una intensidad y una fuerza profundamente satisfactorias[5].

Una imperfección razonable o sensata es la nor-malidad que debemos asumir gozosamente. La familia no tiene nada de ideal, la familia perfecta no existe. Es siempre un campo de batalla, en ocasiones incluso un caos. Somos seres finitos y limitados; la madurez consiste precisamente en ser conscientes de este prin-cipio y aceptarlo. Asumiendo una serena percepción

[2] D. WINNICOTT, *Los procesos de maduración y el ambiente facilitador: estu-dios para una teoría del desarrollo emocional*, ed. Paidós, 1993.

[3] A. NAOURI, *Hijas y madres*, ed. Tusquets, 1999, p. 75.

[4] M. RECALCATI, *Retén el beso*, ed. Anagrama, 2023, p. 67.

[5] A. NAOURI, *Hijas y madres*, ed. Tusquets, 1999, p. 93.

de nuestra imperfección en ambos ámbitos –laboral, profesional y personal– podremos relajarnos y ser paradójicamente más eficaces en los dos campos. Y, aunque con mucho sueño y poco tiempo libre, también seremos más felices.

Tenemos derecho a una maternidad plenamente bella. Pero ¿dónde se encuentra esa belleza?

6.
LA BELLEZA DE LA MATERNIDAD

DECÍA RILKE QUE «la belleza de la doncella es la maternidad que se presiente y prepara». ¿Dónde ha quedado esa belleza que, según la tesis socrática, coincide con el bien? Nos hemos vuelto autorreferenciales, hemos caído en la idolatría del yo y hemos cercenado esa parte materna que toda mujer lleva implícita en cada una de las células de su cuerpo por tener la capacidad de traer vida al mundo, se realice en acto o no. Hemos perdido la capacidad de amar, entendiendo por amor, como hacía Josef Pieper, el maravillarnos y alegrarnos por la existencia del otro[1].

La belleza solo puede ser generada por el amor. Es el amor lo que genera continuamente el sentimiento de lo bello, lo que transfigura lo real informe del cuerpo en

---

[1] J. PIEPER, *Sobre el amor*, ed. Rialp, 1972.

una figura de la belleza[2]. El ideal de lo bello se sustrae siempre al consumo; son bellas aquellas cosas y actividades que no están dominadas por la necesidad ni por la utilidad[3], como sucede con la maternidad generosa y contingente.

La belleza nos exige descentralizarnos, olvidarnos de nosotras mismas. Cuando la mujer es madre, aquella se retira en beneficio del hijo; nos liberamos de nosotras mismas.

LA BELLEZA DE LA MATERNIDAD ESTÁ EN LA HOSPITALIDAD

Necesitamos una vuelta a la madre tranquila, que no busca desesperadamente al hijo (cuándo y con las condiciones que ella decide exactamente o que le vienen impuestas por un trabajo alienante y con una perspectiva masculinizada); sino que está dispuesta a acogerlo cuando y como llegue, con todos sus defectos e incluso enfermedades e incapacidades, porque es capaz de ver en estas circunstancias la manifestación de la originalidad de la vida y porque ama al hijo no *a pesar* de sus imperfecciones, sino precisamente *por* no ser perfecto, por sus debilidades que nos humanizan; «Tu carencia define mi ser»[4].

Se trata, como afirma Hadjadj, de amar a los que no han sido elegidos, a los que uno no tiene duda de que

---

[2] M. RECALCATI, *¿Existe la relación sexual?* Ed. Herder, 2023, p. 143.
[3] B-CHUL HAN, *La salvación de lo bello*, ed. Herder, 2022, p. 84.
[4] M. RECALCATI, *¿Existe la relación sexual?* Ed. Herder, 2023, p. 141.

no adoptaría jamás (por eso los padres adoptivos conciben su adopción teniendo por modelo la paternidad natural, y no uno de libre elección en el "mercado de huérfanos")[5].

Hospitalidad sin propiedad, esa es la máxima de la maternidad. La madre es la custodia, no la propietaria, del hijo.

Antes de nacer, el hijo encuentra esa hospitalidad en el seno materno. Le alimentamos con nuestras sustancias y líquidos, el útero materno es, como señala Naouri: «Un medio rico, complejo y estimulante en el que el feto se comporta desde muy pronto como un extraordinario recolector de sensaciones»[6]. Pero también le nutrimos con nuestros pensamientos. Por eso, mantiene Recalcati que la gestación humana nunca es animal, puesto que implica una interferencia siempre activa del inconsciente; el niño se alimenta del cuerpo materno y de sus líquidos, tanto como de sus pensamientos y fantasmas. No basta con un útero humano, este debe brindar hospitalidad. Vida nueva que viene al mundo como algo insustituible, inimitable, irreproducible, perpetua y radicalmente vida de un "hijo único" (por ello, todos los hijos son únicos). El amor eleva ese piececito, esa diminuta mano, esa cara, ese olor, ese llanto, a la dignidad de objeto único, incomparable, insustituible.

La visión del rostro de la madre será para el niño la visión del rostro del mundo. Existe un vínculo increíblemente fuerte entre el niño y la madre en cuyo seno

[5] F. HADJADJ, ¿Qué es una familia? La trascendencia en paños menores, ed. Nuevo Inicio, 2015, p. 204.

[6] A NAOURI, Padres permisivos, hijos tiranos, Ediciones B, 2005, p. 255.

creció. En palabras de Naouri: «Un vínculo transnatal que confiere a cada individuo una experiencia de origen estrictamente maternal al que he denominado alfabeto sensorial elemental, que dejará sobre él una huella indeleble y que, como lo haría la calibración más precisa, refractará para él, durante toda su vida, su recopilación sensorial posterior y contribuirá a la construcción de la visión del mundo que va a fabricarse»[7].

Estas primeras experiencias, mediante las cuales la madre satisface sus necesidades más elementales, serán el fundamento de una seguridad básica tan fuerte que le hará percibir a su madre como la única e inextinguible fuente de la vida y su amor primero que será la base de todo amor posterior.

LA BELLEZA DE LA MATERNIDAD ESTÁ EN LA ELEGANCIA

Durante muchos años los ideales sociales imperantes han nublado las actitudes femeninas hacia la intersección del cuidado de los hijos y el trabajo, una cuestión tan personal y con frecuencia, tan regida por la biología. Sin embargo, hoy abundantes estudios demuestran que muchas más mujeres que hombres rechazan ascensos pensando en la familia, incluso cuando hablamos de los niveles más elevados. Muchas mujeres, evalúan sus prioridades y deciden a favor de la familia, no como una forma de sacrifico o autoinmolación, sino por puro

---

[7] A. NAOURI, *Padres permisivos, hijos tiranos*, Ediciones B, 2005, pp. 256-257.

166

placer personal, como una vía de autorrealización que les llena de felicidad. Mujeres desencantadas con las falsas promesas de autorrealización a través de empleos extenuantes con jornadas eternas. Quizá tengan menos ingresos, pero están más satisfechas[8].

Recientemente la economista S. A. Hewlett realizó una investigación sobre un fenómeno muy extendido hoy en día en Estados Unidos: la "fuga de cerebros femeninos" de puestos de trabajo altamente remunerados y de prestigio que exigían estar fuera de casa prácticamente todo el día. Y descubrió que el doble de mujeres que de hombres manifiestan e interiorizan el impacto negativo que ese tipo de trabajos tiene sobre la familia (conducta de los hijos, rendimiento escolar, hábitos de alimentación, trastornos psíquicos...) sintiendo lo que llama "un verdadero retrato de culpabilidad" casi insuperable, a diferencia de los hombres con esos mismos puestos que apenas lo perciben. Digamos que el trabajo entra en conflicto con sus emociones más básicas. La interiorización del rol familiar de la mujer es tan intensa que, incluso una vez alcanzados los puestos estratégicos, las mujeres con hijos se muestran menos deseosas de promocionar o cambiar de empresa[9].

El imaginario social y el feminismo radical considera esta dedicación al hogar una regresión en el proceso de emancipación femenina e identifica a estas mujeres con pobres víctimas del egoísmo masculino propio de

---

[8] Este fenómeno que se produce especialmente, por razones obvias, entre mujeres de clase media y media alta que pueden permitirse el lujo de "aparcar" sus trabajos en beneficio de la familia, ha recibido la denominación en EEUU de "opting out".

[9] T. A. SCANDURA, *Breaking the glass ceiling in the 1990's*, 1992.

un sistema patriarcal trasnochado y atribuyen su relación privilegiada con la familia a una coacción exterior; «engatusadas por el neomachismo»[10]. Pero este punto de vista ignora absolutamente la parte activa que toman las mujeres en su decisión. Si bien es innegable que aún existen coacciones y presiones exteriores (más fuertes cuanto más humilde es el ambiente) resulta palpable asimismo una adhesión libérrima a los roles maternos y familiares, un proceso de reapropiación y construcción de sí de estas mujeres a partir de la herencia del pasado.

En su relación con las tareas familiares las mujeres son protagonistas y bullen de proyectos, de estrategias individuales de voluntad de creación de un destino personal. Más allá de las lógicas de dominio de un sexo sobre otro y del peso de los determinantes culturales, en la implicación doméstica de las mujeres cabe ver un fenómeno en el que está en juego una búsqueda de sentido, así como estrategias de poder y objetivos identitarios.

Saber sobrellevar esfuerzos ingentes, a veces heroicos, con entereza, sin victimismos, sin anunciar a los cuatro vientos lo sacrificadas que somos, sin histrionismo, sin estridencias, con discreción e intimidad, hacer parecer natural y fácil lo que realmente es complicado y estresante, saber renunciar a un desarrollo y promoción profesional a favor de la intimidad familiar sin echárselo en cara al "sistema" constantemente, es algo que la mujer es capaz de hacer por amor con una sublime elegancia.

---

[10] C. DEL OLMO, *¿Dónde está mi tribu? Maternidad y crianza en una sociedad individualista*, ed. Clave Intelectual, 2022, p. 69.

La persona elegante no tiene prisa, porque se siente en medio de un proceso. En una sociedad donde consumimos resultados, y nadie nos habla de la espera, la mujer elegante es consciente del tiempo que requiere el recorrido de la maternidad.

LA BELLEZA DE LA MATERNIDAD ESTÁ EN LA LENTITUD

El tiempo de la mujer nunca es simplemente el tiempo del reloj, sino que está fuertemente ligado a las relaciones, porque el suyo es un "tiempo para el ser humano". En el tiempo femenino, la persona siempre tiene prioridad. Y está íntimamente ligado al cuerpo. La vida de las mujeres se construye sobre tiempos pautados por transformaciones físicas importantes[11].

La mujer está especialmente dotada para la espera. Los nueve meses de gestación que dura un embarazo humano (comparados con la brevedad del tiempo que pasan las crías de animales en el vientre de la hembra), provocan que la madre tenga una especial capacidad para enfrentarse a la lentitud y paladear la fragancia y la belleza del tiempo pausado, tiempo vivo, tiempo de donación de sentido, tiempo de quietud, de un tiempo suspendido que provoca una sensación interior de serenidad, sosiego y calma; una quietud contemplativa. El tiempo de maternidad es un tiempo festivo, un tiempo "detenido"[12].

---

[11] M. CERIOTTI, *Erótica y materna. Un viaje al universo femenino*, ed. Rialp, 2019, pp. 132-133.
[12] B-CHUL HAN, *La desaparición de los rituales*, ed. Herder, 2022, p. 58.

Algo que tiene un valor incalculable en esta sociedad actual de la aceleración, dominada por la impaciencia, que privilegia el instante y lo efímero, en detrimento de la duración y el largo plazo. Una sociedad caracterizada por la turbotemporalidad[13]; un tiempo fugaz, explosivo, efímero, frenético, en constante eclosión, en el que pasamos de una vivencia a la siguiente, de una experiencia a la siguiente, de una sensación a la siguiente, sin finalizar jamás. Ansiando siempre algo nuevo que nos llene, ignoramos todo lo valioso que nos rodea y perdemos la capacidad de repetición, donde en gran medida está el secreto de la felicidad, que es abrazar lo que se tiene, descubrir en cada repetición lo nuevo. En el discurrir del tiempo maternal cotidiano, está siempre la posibilidad del asombro ante nuevas miradas, sonrisas y balbuceos.

La materia de nuestra vida es el tiempo, y necesitamos aprender a cuidarlo, trazando "hilos de significado" —como sucede con el acontecimiento de la maternidad— que conectan los momentos de la vida[14].

Necesitamos, como señala Han, una nueva forma de vida, una nueva narrativa que surja de un tiempo distinto, otro tiempo vital, una forma de vida que nos redima del "desenfrenado estancamiento"; un tiempo "sublime", que es un tiempo "colmado"[15]. La maternidad amorosa es la prueba de que «el tiempo puede albergar la eternidad»[16].

---

[13] Vid. G. LIPOVETSKI, *El imperio de lo efímero*, ed. Anagrama, 2006.

[14] L. MORTARI, *Cuidarse. Una ética de la delicadeza*, ed. Encuentro, 2022, p. 13.

[15] B-CHUL HAN, *La sociedad del cansancio*, ed. Herder, 2023, p. 106.

[16] B-CHUL HAN, *La agonía del eros*, ed. Herder, 2014, p. 45.

El tiempo junto al hijo es para la madre como un ritual, colmado de significados simbólicos; la percepción simbólica percibe lo duradero y los ritos dan estabilidad a la vida. Transforman el "estar en el mundo" en un "estar en casa"[17]. El hijo nos marca un ritmo nuevo porque nos conecta con sus propios ritmos vitales. Los tiempos de su crecimiento y de los rituales en torno a los cuidados, nos enmarcan en una medida distinta, con su propia sabiduría, más humana.

El tiempo es un ingrediente esencial de nuestra persona y nos humaniza, porque como afirma Naouri: «Sin la asunción del tiempo no habría nada humano. Todo en lo humano sería animal»[18].

En palabras de Neuburger, la relación con el tiempo es fundamental; si existo, existo en el tiempo, sé que tengo un pasado y puedo entonces imaginarme un futuro, soñar con proyectos, por tanto, sé cómo actuar aquí y ahora. En el caso contrario, no me siento existir, estoy fuera del tiempo o atrapado en una secuencia de repeticiones estériles[19].

Para Ruiz: «La serenidad es un ejercicio de desprendimiento del sentir temporal contemporáneo. El sujeto sereno siempre piensa que hay tiempo y que se precisa tiempo. Además, asume que, para entrar a fondo en el conocimiento de cualquier realidad, es necesario dedicar tiempo»[20].

---

[17] B-CHUL HAN, *La desaparición de los rituales*, ed. Herder, 2022, p. 12.

[18] A. NAOURI, *Padres permisivos, hijos tiranos*, Ediciones B, 2005, p. 113.

[19] R. NEUBURGER, *Existir. El más íntimo y frágil de los sentimientos*, ed. Kairós, 2020, p. 59.

[20] J. C. RUIZ, *Incompletos. Filosofía para un pensamiento elegante*, ed. Destino, 2023.

Vivimos en una sociedad impulsiva en la que se valora el resultado en detrimento del proceso[21]. El tiempo también se ha digitalizado y pretendemos que la realidad sea tan veloz como la tecnología. Esta mentalidad afecta necesariamente también al embarazo y a los rituales de cuidado de la criatura, especialmente en los primeros meses de vida, y explica en cierta medida la expansión aterradora del fenómeno obsceno y perverso de los vientres de alquiler: quiero un hijo y lo quiero sin someterme al proceso lento y de desgaste físico y mental que supone el embarazo (que otra lo pase por mí, yo quiero el resultado).

Pero, como señala Lévinas, la temporalidad adquiere sentido al resultar conjugada con la alteridad, con el otro[22]. La espera sosegada de la llegada del hijo en el vientre materno nos enseña que lo mejor de la vida precisa de espera y paciencia. La madre en espera es custodia del tiempo. De un tiempo que transcurre más lentamente; parece que faltase una eternidad para ver el rostro del recién nacido. Lo que nos permite profundizar en el enorme misterio de la gestación y recrearnos en la experiencia más apasionante de nuestra vida; además de disfrutar de la curiosidad y el asombro, otras virtudes hoy casi extinguidas.

El tiempo de ser madre para que sea "sublime" debe ser un tiempo fuera de nuestro control, un tiempo

---

[21] Sucede muy explícitamente hoy en día en el ámbito del aprendizaje. El éxito del *chat GPT* es una de las manifestaciones de ello: quiero la tesis doctoral, el aprobado o el trabajo de fin de grado, y lo quiero "ya", desmereciendo el proceso lento de investigación y trabajo que es lo que realmente me enriquece.

[22] Vid. al respecto, E. LÉVINAS, *De la existencia al existente*, ed. Arena, 2000.

sobrevenido. Como señalaba la sabiduría del Libro del Eclesiastés, «hay un tiempo para cada cosa». Esta enseñanza hoy es desdeñada en este mundo extraño en el que parece justo abolir la fertilidad de la mujer precisamente cuando es más fácil ser madre, y estimular su cuerpo para que se vuelva fértil cuando las energías vitales para la maternidad están en decaída o cuando ya se carece de capacidad reproductiva.

La maternidad tiene su propio tiempo, sobre el que yo no puedo disponer. La maternidad es, como la jardinería, «en ella el tiempo se detiene y se vuelve flagrante»; nos proporciona una «intensa experiencia temporal»[23]. Dejar reposar la tierra en barbecho el tiempo preciso, sin prisa, es requisito para una buena cosecha. El resultado depende del proceso. Pero en un tiempo en el que el sujeto desea el resultado inmediato, saltándose el proceso al que niega toda importancia y atractivo, el tiempo "quieto" resulta frustrante para la mujer hipermoderna.

En una sociedad narcisista y autorreferencial al tiempo le falta hoy un armazón firme. No es una casa, sino un flujo inconsistente. Se desintegra en la mera sucesión de un presente puntual. Se precipita sin interrupción. Nada le ofrece asidero[24].

Resulta urgente recobrar el reposo contemplativo que va inescindiblemente unido a la maternidad. La sabiduría del tiempo. Si se priva por completo a la vida del elemento contemplativo nos ahogamos en nuestro propio hacer.

---

[23] B-CHUL HAN, *Loa a la tierra. Un viaje al jardín*, ed. Herder, 2022, pp. 11 y 26.

[24] B-CHUL HAN, *La desaparición de los rituales*, ed. Herder, 2022, p. 13.

173

LA BELLEZA DE LA MATERNIDAD
ESTÁ EN LA TRASCENDENCIA

Hemos perdido la trascendencia; nos atamos a lo temporal, a lo meramente inmanente, sin percibir que los hijos constituyen una alteridad que *nos trasciende*. Los hijos nos hacen partícipes de una genealogía, responsables del futuro, eslabones de una cadena generacional que une a nuestros ancestros con nuestros descendientes, que nos inserta en la historia y en el tiempo de la familia humana. La maternidad nos libera del individualismo autorreferencial y destructivo.

Como afirma Recalcati: «La maternidad no es un hecho de la naturaleza, sino su desorden. La maternidad como subversión o fractura de las leyes de la naturaleza. Madres por una ley que quebranta la Ley de la naturaleza, porque el misterio fisiológico principal de la maternidad es que el embrión, como cuerpo ajeno a la madre, no provoca sin embargo la consabida respuesta inmunológica: la expulsión del cuerpo extraño»[25].

La agresividad defensiva del sistema inmunitario no se activa, sino que retrocede; «El dominio del Yo deja espacio a la posibilidad de otra vida, se debilita, retrocede, es trascendido (...) La gracia de Dios actúa desquiciando anárquicamente el orden del mundo, insertando en ese orden una interrupción, una incongruencia. Las leyes de la naturaleza sufren un desarreglo inaudito a causa de la Ley de Dios. Se trata de hacer posible algo que la naturaleza niega como posibilidad, algo que va

---

[25] M. RECALCATI, *Las manos de la madre: Deseo, fantasmas y herencia de lo materno*, ed. Anagrama, 2018.

más allá (...) Se trata de acoger la potencia auténticamente generativa de la palabra»[26].

Por eso, cuando un hijo nace, creer en Dios ya no es un acto de fe, sino una certeza e incluso una evidencia. Lo triste es que no seamos capaces de caer fascinados ante este prodigio.

El misterio de la maternidad de la Virgen María señala cómo la maternidad custodia la presencia de una trascendencia que proviene de lo más íntimo de su cuerpo. En María el acontecimiento de la generación no puede dar lugar a una apropiación, dado que la trascendencia del hijo, siendo Hijo de Dios, es irreductiblemente absoluta. Absoluta inmanencia en su más absoluta trascendencia. María es el paradigma más absoluto del misterio de la maternidad: contener en sí misma el misterio de la desmesura, de una imposibilidad, de un acontecimiento que no puede nunca explicarse del todo, contener en el diminuto espacio de su propio vientre la desproporción de lo absoluto, el acontecimiento destinado a cambiar el mundo para siempre. «María espera a Jesús como una trascendencia incalculable, imposible de anticipar y destinada a transformar la faz del mundo»[27].

---

[26] Para los católicos esta es una verdad incuestionable. La maternidad de María es *contra natura* porque es la maternidad de una virgen. María recibe en castidad a Jesús. La castidad como sublimación de la libertad. Igualmente imposible fue la maternidad de las matriarcas del Antiguo Testamento (Raquel, Esther, Sara) todas ellas estériles y sin capacidad generativa debido a su avanzada edad. Como lo sería así mismo la maternidad de Isabel en el Nuevo Testamento.

[27] M. RECALCATI, *Las manos de la madre: Deseo, fantasmas y herencia de lo materno*, ed. Anagrama, 2018.

Según Platón y Aristóteles, engendrar hijos es un modo de participar en la divinidad y en la inmortalidad. De este modo, la mortalidad en el plano individual se compensaba con una inmortalidad en el plano de la especie[28].

Todos los seres humanos tenemos una faceta trascendente: aspiramos a sobrepasar el aquí y ahora de lo sensible. Este anhelo nuestro, del que no existen ni vestigios en otras especies, comporta vaciarse o llenarse en la realidad de un modo que no tiene que ver con nuestras otras experiencias y necesidades. Las mujeres, mediante la procreación y crianza de los hijos, buscamos alguna forma de ultimidad, porque este mundo se nos queda pequeño y algo tira de nosotros hacia lo sublime, nos elevamos por encima de nosotros mismos; optamos a lo infinito. Al trascender cedemos gozosamente ante un poder que se nos impone. Atisbamos una grandeza indecible y nos entregamos en un plano que no es biológico ni social ni afectivo, en un nivel que tiene sus propias hechuras y reglas. «Trascender es afrontar lo indescifrable»[29]. Y los hijos sin duda lo son.

El hijo, en expresión de Hadjadj, es «el cimiento carnal de la trascendencia». El misterio de dar vida nos sitúa en un plano trascendente. La maternidad es una «revolución divina». La biología es, en último término, como dice Han, «una teología, una enseñanza sobre Dios», capaz de despertar en la mujer un anhelo metafísico; una apertura a la vida sobrenatural. Y nos abre al asombro, al toparnos

[28] F. HADJADJ, ¿Por qué dar la vida a un mortal? Y otras lecciones, ed. Rialp, 2020, p. 60.

[29] D. CERDÁ, Empujados a lo sublime, firma invitada, Nuestro Tiempo, revista cultural y de cuestiones actuales, número 716, 2023.

en el limitado espacio de nuestro vientre con una alteridad misteriosa, otra vida diferente de la mía propia que hasta entonces desconocía. Una calidez divina.

La maternidad favorece nuestra predisposición a dejarnos guiar por el "deseo de trascendencia", es decir, por el deseo de generar tiempos y espacios adecuados para la existencia[30]. Este abandono a lo trascendente nos hace experimentar "una sensación de seguridad, de liberación de toda responsabilidad" que llena poco a poco el alma de una "nueva vida". Estando nuestro vientre lleno de vida, se produce la paradoja increíble de convertir nuestra mente en un "recipiente vacío" que favorece nuestro silencio interior[31]. Y la mujer, durante nueve meses, tiene el increíble privilegio de ser portadora de dos almas en su cuerpo[32].

La belleza de la maternidad está en la inmanencia

Todo hijo es trascendencia; pero en su evidente inmanencia. Incluso Dios, que es pura trascendencia, se hizo materia, cuerpo, para habitar entre nosotros; se "encarnó". De hecho, la raíz etimológica latina de la palabra "materia" proviene de *mater*, madre.

El amor incluye además del espíritu, el cuerpo del otro, del hijo; amor por su existencia encarnada, por

---

[30] L. Mortari, *Cuidarse. Una ética de la delicadeza*, ed. Encuentro, 2022, p. 14.

[31] E. Stein, *Psychische Kausalität*, 1922.

[32] A. Von Hildebrand, *El privilegio de ser mujer*, ed. Rialp, 2022, p. 84.

177

los detalles únicos e irrepetibles de esa "encarnación". Y amor por el propio cuerpo "preñado". La maternidad serena es aquella maternidad contraria a los cánones de belleza actuales, en la que renunciamos generosamente a la esbeltez y somos capaces de reencontrar la hermosura auténtica que esconde el proceso por el cual el cuerpo adquiere redondez y se va moldeando por la nueva vida que acoge en su interior.

Los hijos son además el resultado de la unión carnal de un hombre y una mujer; donde el deseo sexual y el amoroso experimentan la unión más íntima. El milagro del amor consiste en volver el cuerpo del amado en algo único e insustituible. La experiencia del deseo sexual en el amor es la experiencia de una "tregua en el dolor del mundo". Es un tiempo de belleza capaz de suspender el tiempo en el mundo[33].

Sin embargo, en un mundo tecnificado con cobertura legal, hemos sustituido la calidez de relación sexual corporal amorosa de los padres por la frialdad aséptica de las probetas; la fusión sagrada procreativa espontánea de los cuerpos por la programación clínica. Con las tecnologías hemos "desencarnado" la maternidad, ya no se acoge al hijo en el seno de las entrañas, sino que se reproduce con toda asepsia y transparencia en un frío tubo de ensayo.

La espera de un hijo regala a la mujer el despertar a la realidad, a la corporeidad. Las contracciones, las patadas y movimientos del bebé en el vientre materno, nos hacen más conscientes del valor de nuestro cuerpo y nos permiten establecer una sintonía con él.

---

[33] M. RECALCATI, *Retén el beso*, ed. Anagrama, 2023, p. 51.

Luego, al tenerlo entre los brazos, con los besos y caricias, producimos enormes cantidades de oxitocina, crucialmente implicada en la construcción del vínculo maternal, poderosa poción de amor, hormona que nos hace encontrar placer en cuidar y servir. El estrógeno, nos proporciona una sensación placentera de paz y bienestar. Y la dopamina, arraiga el deseo de unión y apego.

Nuestro cerebro ya no volverá a ser el de antes, lo hemos cambiado por un cerebro "maternal", que nos hace más flexibles, empáticas y pacientes; además de dotarnos de las capacidades oportunas para responder a un entorno cada vez más exigente y muchas veces estresante, repleto de desafíos y retos. Desde la anidación del embrión en el útero, cambia nuestra forma de pensar, sentir y mirar la realidad y nos hallamos más predispuestas a modificar nuestras prioridades en la vida[34]. Nada hará más por tu cerebro que tener un hijo[35].

Al tocar su vientre redondeado, ese tacto provoca una sensación reconfortante; la mujer percibe al niño que existe, pero no puede ver, de una forma íntima (íntimo es el superlativo de interior). Por eso, todo embarazo es un acto de fe.

El cuerpo, la carne y sustancias de la madre, han satisfecho todas las necesidades del hijo en el embarazo sin que este tuviera siquiera que demandarlas. Y es también su cuerpo el que, durante el embarazo, ha incrustado en el cerebro del hijo un alfabeto sensorial que lleva su sello, que será imborrable y que le servirá

---

[34] Sobre el "cerebro maternal", vid. N. LÓPEZ MORATALLA, *Cerebro de mujer y cerebro de varón*, ed. Rialp, 2007, pp. 98 y ss.
[35] L. BRIZENDINE, *El cerebro femenino*, ed. RBA, 2007, pp. 15 y 125.

durante el resto de su vida y en cualquier circunstancia para mediar con las cosas y acontecimientos del mundo que le rodea[36].

En un mundo digitalizado, hemos eliminado la realidad y lo material, y hemos sustituido la corporeidad por la virtualidad desencarnada, sin proximidad corpórea, sin contacto físico. Hemos perdido el sentido de la materia que se presenta con una forma propia y que es preciso respetar, con su resistencia y sus límites físicos.

Las personas, hipnotizadas por lo virtual, deberíamos volver a trabajar con las manos y con el cuerpo: acariciar, limpiar, abrazar, besar al hijo, sostenerlo entre los brazos, son acciones que nos reencuentran con la corporeidad. Las exigencias de lo manual disipan los espejismos de lo digital. Es urgente "volver a descubrir la carne", que la mujer vuelva a ofrecer su cuerpo a un misterio que la supera[37].

LA BELLEZA DE LA MATERNIDAD NO REALIZADA EN ACTO. LA MATERNIDAD ESPIRITUAL

Mujeres que no han tenido hijos ha habido siempre por diversidad de motivos, circunstancias y razones personales (físicas, psíquicas, económicas, sociales y espirituales). De hecho, como señala Recalcati, ser madre no es el destino ineluctable de la condición de mujer[38]. En este sentido, la propia Iglesia Católica señala que, aunque la maternidad

---

[36] A. NAOURI, *Hijas y Madres*, ed. Tusquets, 1999, p. 159.

[37] F. HADJADJ, *La suerte de haber nacido en nuestro tiempo*, ed. Rialp, 2016, pp. 49-59.

[38] M. RECALCATI, *Las manos de la madre: Deseo, fantasmas y herencia de lo materno*, ed. Anagrama, 2018, p. 12.

es un elemento clave de la identidad femenina, ello no autoriza en absoluto a considerar a la mujer exclusivamente bajo el aspecto de la procreación biológica y que la maternidad también puede encontrar formas de plena realización allí donde no hay generación física[39].

Ser madre es mucho más que la intensa y vivida experiencia de dar a luz y criar a un hijo. Es la clave para la toma de conciencia existencial de quienes somos[40], se realice materialmente o no; pues los hijos se pueden engendrar de forma material o simbólica. La potencialidad materna no se define en un rol, ni debe encarnarse necesariamente en la maternidad física. Se trata de «un potencial arquetípico poderoso que, si se reconoce y se acoge, puede llevar consigo desarrollos muy satisfactorios en lo personal y social»[41].

Las mujeres que no han tenido hijos, por múltiples circunstancias posibles, también son madres, algunas sin ser conscientes de ello. Esa huella psicológico materna que todas llevamos dentro desde nuestro nacimiento, nos hace proclives a la atención al otro; amar con corazón de madre. Acompañar, escuchar, comprender, empatizar, consolar, son actitudes que, sin apenas percibirlo, desarrollamos en nuestra vida diaria con una excelente espontaneidad, con nuestros amigos, compañeros de trabajo, familiares, incluso con personas desconocidas

---

[39] Carta a los Obispos de la Iglesia Católica sobre la colaboración del hombre y la mujer en la Iglesia y el mundo, en Roma, en la sede de la Congregación para la Doctrina de la Fe, el 31 de mayo de 2004, Fiesta de la Visitación de la Beata Virgen María.

[40] J. HAALAND, *El tiempo de las mujeres*, ed. Vértice, 2002, p. 27.

[41] M. CERIOTTI, *La familia imperfecta. Cómo convertir los problemas en retos*, ed. Rialp, 2019, p. 59.

que encontramos con necesidad de ser atendidas en algún momento de la vida. Nuestra atención se centra en los afectos. No se trata tanto de una atención material, como espiritual; abrazar simbólicamente al que lo necesita. Y nos llena de plenitud.

Las mujeres que no han sido madre carnalmente pueden serlo adoptando simbólicamente a aquellos que necesitan de afecto, cariño y guía, con amor maternal.

A los hombres, en términos generales, les pasan más desapercibidas estas necesidades de los que nos rodean porque tienen una visión menos holística de la vida y, en el caso de percatarse de la necesidad ajena, suelen ayudar buscando soluciones inmediatas y eficaces a los problemas concretos, pasando muchas veces por alto el mundo de los afectos. Nosotras consolamos, ellos actúan. Afectividad femenina frente a efectividad masculina. Esta es también, sin duda, una forma de ser padre de forma espiritual. Ellos suelen prestar ayuda en términos más generales, a problemas humanos más colectivos y anónimos, pretendiendo mejorar el mundo. Nosotras solemos prestar atención más a personas concretas, metiéndonos en su piel, viviendo sus problemas como si fueran nuestros.

La belleza de la maternidad es apertura a la contingencia. El privilegio de ser un hijo no deseado

En los países llamados desarrollados, los hijos adquieren valor social y jurídico en la medida en que hayan sido "deseados". Un embarazo "no deseado" es la justificación suficiente para eliminar la dignidad del no nacido y, por lo tanto, su derecho a la vida. El don de la vida se transforma en el derecho a tener hijos y su correlativo derecho a no tenerlos y destruir el feto[42].

Estamos ante la sublimación de los deseos en detrimento de la razón, que cede radicalmente ante los sentimientos y emociones autorreferenciales. En estas circunstancias, para satisfacer mis deseos, todo lo técnicamente posible se convierte en moralmente lícito, incluida la renuncia al hijo que llega en un momento inadecuado, que no se adapta a lo que yo había soñado o programado o al que se descubre alguna "tara" o defecto genético —resulta inquietante que osemos distinguir entre la vida que merece ser vivida y la que no—. En este sentido, como señala Habermas, son evidentes las consecuencias discriminatorias de valorar, aunque sea de forma restrictiva, un modo de vida como supuestamente menoscabado[43].

Pero son muchas las mujeres, algunas en circunstancias profundamente traumáticas y en una soledad absoluta, las que, con una imponente capacidad de lucha y superación, asumen, en una decisión difícil pero honesta, coherente, equilibrada y profunda, seguir adelante con un embarazo "no deseado". Mujeres que, a pesar de las dificultades, donan su cuerpo por amor para que sea habitado por una alteridad que las trasciende. En estos casos, el deseo cede al amor. Dos conceptos sobre

---

[42] Vid. F. HADJADJ, *¿Por qué dar la vida a un mortal? Y otras lecciones*, ed. Rialp, 2020, p. 59.

[43] J. HABERMAS, *El futuro de la naturaleza humana, ¿hacia una eugenesia liberal?*, Biblioteca del presente, 20, ed. Paidós, 2001, p. 94.

los que existe gran confusión actualmente y que son diametralmente opuestos[44].

Como señala Bauman, mientras que el deseo es centrípeto y esclavizante, el amor es centrífugo y liberador[45]. El deseo produce placer, el amor felicidad. El deseo es perentorio, el amor desafía la aleatoriedad del tiempo y aspira a durar infinitamente. El deseo consiste en pensar en uno mismo y es por ello autorreferencial y narcisista, el amor es pensar en el otro antes que en uno mismo. El deseo es tomar, el amor es dar. El amor genera plenitud, mientras que el deseo nunca nos llena del todo, nos lleva de un objeto a otro sin que ninguno logre satisfacernos, porque en el mito postmoderno de lo nuevo verificamos que la insatisfacción siempre es la misma[46].

La diferencia entre el deseo y el amor marca otra nueva diferencia entre buscar al hijo perfecto a toda costa, y acoger al hijo a pesar de las circunstancias, cuando venga y como venga, con todos sus defectos e imperfecciones. La alegría y belleza de la maternidad es dar vida, no tener el hijo "ideal".

---

[44] No obstante, es preciso aclarar, que existe un deseo positivo, lo que Marín denomina el deseo "comunicativo" que no se refiere a bienes materiales (cuya posesión excluye la participación), sino a bienes inmateriales cuya posesión consiste simultáneamente en su comunicación; como el deseo de paz, justicia, felicidad, verdad. En el deseo "posesivo" la meta es obtener una posesión que excluye al otro; mientras que el deseo "comunicativo" es una forma inclusiva de deseo dirigida hacia el bien fuera de mí mismo. H. MARÍN, *El hombre y sus alrededores. Estudios de filosofía del hombre y de la cultura*, Ediciones Cristiandad, 2013, pp. 102-103.

[45] Z. BAUMAN, *Amor líquido. Sobre la fragilidad de los vínculos humanos*, ed. Paidós, 2018.

[46] M. RECALCATI, *La fuerza del deseo*, ed. Spirito, 2018, p. 58.

El hijo "no deseado" es visto por el poder público y gran parte de la sociedad, como un problema, una carga, un fardo, un obstáculo a nuestra realización personal y profesional, lo que justifica sobradamente deshacernos de él. Sin embargo, para las mujeres que, abiertas a la contingencia, deciden, a pesar de los peligros e imprevistos, seguir adelante con ese embarazo que no entraba en sus planes, el hijo se convierte en un don, un regalo inédito e inesperado, inoportuno (los hijos siempre suelen ser inoportunos). Estas mujeres valientes merecen respeto, apoyo y protección. Su olvido es insultante.

Nacer como un hijo no deseado es un privilegio, hoy escaso y extraño, pues supone nacer plenamente libre, sin expectativas sobre su futuro, sin objetivos concretos a cumplir, sin que nos deba la vida a nosotras sino a un proceso vital, sin una programación previa, sin la intervención de terceros o de la técnica.

La madre abierta a la contingencia sabe que los hijos son libres cuando su llegada al mundo escapa de nuestro control, cuando en su advenimiento influye "cierto factor de riesgo" o "la ayuda parcial del azar en la actividad sexual de sus padres"[47]; cuando no nos deben la vida a nosotros sino a un proceso vital.

Como afirma autobiográficamente Hadjadj: «Mis padres se desearon y no me desearon directamente a mí. Ante todo, lo que quisieron es hacer el amor, como se dice con tanta torpeza, y no hacer un hijo. Y resulta que aparecí yo, un pequeño judío, como siempre, fuera de programa (…) un hombrecito que, al crecer, escapó totalmente de sus anticipaciones (pero no de sus corazones). No porque no me

---

[47] A. NAOURI, *Padres permisivos, hijos tiranos*, ed. Ediciones B, 2005, p. 236.

rebelara, sino porque todo el mundo excede de sí mismo por el hecho de haber nacido, y de no haber sido fabricado»[48].

LA BELLEZA DE LA MATERNIDAD ESTÁ EN SU GENEROSIDAD. EL INAUDITO REGALO DE LA LIBERTAD

La experiencia de la maternidad nunca debe ser una experiencia de apropiación sino de descentralización, de vaciamiento, de desposeimiento. Esta es, de hecho, la mayor prueba que le espera a toda madre: saber renunciar al propio hijo, dejar marchar a su hijo después de haberlo engendrado y atendido con inmenso amor. Si impido al hijo ser libre, mutilo mi propio amor que solo puede existir gracias a la libertad del otro.

El hijo nace con una vinculación absoluta a su madre. El estado de indefensión con el que se llega al mundo hace que la dependencia se halle en el origen de toda vida. La vida humana siempre llega al mundo como "vida del hijo". Por eso tiene un endeudamiento simbólico originario. Es una profunda verdad que el psicoanálisis hereda del cristianismo. Sin embargo, esa vida humana indefensa que llega al mundo, mezcla de necesidad y libertad, encierra en sí misma un enorme poder transformador y de esperanza si somos capaces de otorgarle la libertad que merece[49].

---

[48] F. HADJADJ, *¿Qué es una familia? La trascendencia en paños menores (y otras consideraciones ultrasexistas)*, ed. Nuevo Inicio, 2015, p. 18.

[49] M. RECALCATI, *Las manos de la madre: Deseo. Fantasmas y herencia de lo materno*, ed. Anagrama, 2018.

La unión corpórea entre madre e hijo es tan fuerte que este al nacer no se concibe a sí mismo como un ser independiente, sino como un simple apéndice de la madre. Pero este apego debe experimentar una ruptura a favor de la alteridad del hijo[50]. Como afirman los expertos, en la relación madre-hijo se abre, desde el primer momento, el desafío de lograr «la justa distancia emotiva y física (…) vigilarla continuamente y redefinirla en función del momento evolutivo del hijo»[51], para evitar que el amor delicado y generoso de la madre se transforme en una forma implícita de apropiación y control.

La mujer que percibe la belleza de la maternidad sabe que concebir un hijo, llevarlo en las entrañas, alimentarlo con el propio cuerpo y con sus pensamientos, supone comenzar a perderlo desde el instante en el que nace, reconocerlo como pura trascendencia (una vida que la madre no posee, sino que alberga), generarlo como una alteridad, es una madre capaz de hacer el regalo supremo y más difícil que se puede hacer a un hijo por amor: la libertad.

Esto será siempre más fácil para la madre que asumió la llegada del hijo en un marco de imprevisión y contingencia. Siempre será más sencillo dar la libertad

---

[50] Como afirma Risé, «es necesario que la unión vital (madre-hijo) continúe todavía un largo tiempo y del modo más completo posible: plenamente, hasta los 3 años; menos completamente, hasta los 5; reduciéndose después más, hasta los 7 años. Durante este primer septenio, la aportación de la madre a la existencia y a la propia formación psicológica del niño es decisiva». C. Risé, *El padre. El ausente inaceptable* (cap. I), ed. Énfasis, 2006.

[51] M. Ceriotti, *Erótica y materna. Un viaje al universo femenino*, ed. Rialp, 2019, pp. 67 y 68.

al hijo cuyo comienzo fue indisponible porque sobre ese hijo no existen expectativas concretas diseñadas, planificadas o programadas.

La madre capaz de hacer el regalo de la libertad al hijo es aquella que sabe que los hijos son descendencia, no pertenencia y que ser genitora de vida no le hace su propietaria.

Es aquella madre que sabe que el hijo no viene a llenar sus vacíos existenciales, a cumplir tradiciones familiares, a dar sentido a su vida, a satisfacer sus sueños frustrados o a hacerle compañía en su soledad; sino que viene a tener un proyecto propio de vida. Como decía Santa Teresa de Calcuta, nuestros hijos soñarán, pero no será nuestro sueño, vivirán, pero no será nuestra vida y volarán, pero no será nuestro vuelo.

La madre que regala la libertad sabe que la familia es pertenencia, pero también errancia; procedencia, pero también porvenir, y que debe permitir al hijo saborear la experiencia de su ausencia, por dura que pueda ser (que sufra, que supere obstáculos, que fracase), pues esta es la mejor escuela de vida.

Una madre que sabe ser custodia de los hijos durante el tiempo suficiente para después regalarles la aventura de una vida diferente de la propia y lejos de los estrictos límites femenino-maternales.

Una madre que sabe que el hijo es un don y ello implica sorpresa, porque está abierta a lo inédito, a lo imprevisto. Esto concede a la madre la serenidad interior de no ser la que decide sobre la vida o no de su hijo, sobre el cuándo y el cómo ha de venir al mundo.

Una madre que no sofoca al hijo con sus proyectos, sino que sabe "abandonar" al hijo en la configuración de un destino propio y diferente del soñado por ella.

El equilibrio de toda madre debe encontrarse entre la entrega amorosa hacia su hijo, y la disponibilidad y apertura a perderlo, a dejarlo ir cuando sea el momento oportuno. Este es uno de los mayores regalos de la maternidad: dejar que el hijo emprenda su propio vuelo. Esta es, de hecho, la mayor prueba que le espera a toda madre: dejar marchar a su hijo después de haberlo engendrado y atendido; «Confiar el hijo al desierto, como hizo Abraham; saberlo abandonar (…) regalarle la libertad como señal de amor»[52].

La vida del hijo es, por encima de todo, otra vida, ajena, distinta, al límite e imposible de entender. El hijo siempre es un misterio que se resiste a todos los esfuerzos de interpretación. Su vida es un secreto indescifrable que debe ser respetado como tal. La existencia amorosa del hijo es una incógnita que nunca podremos traducir en su integridad; su corazón que yo siento en el mío sigue siendo suyo, su cuerpo que yo siento en el mío sigue siendo diferente al mío, su vida que yo siento unida a la mía nunca será la mía[53].

La buena madre no solo protege al hijo, sino que se afana en ampliar su horizonte, franquear el recinto cerrado de la familia que puede llegar a ser esclerotizante, sabe entregarlo al mundo. Una madre que sabe que el hijo es alteridad y que manifiesta el misterio de la existencia como don recibido.

Una madre que es capaz de enfrentar al hijo con la realidad en un proceso de desfusionamiento, de

[52] M. RECALCATI, *Las manos de la madre: Deseo. Fantasmas y herencia de lo materno*, ed. Anagrama, 2018, p. 33.
[53] M. RECALCATI, *Retén el beso*, ed. Anagrama, 2023, p. 125.

descentralización, para que sea capaz de insertarse en el mundo de los adultos, con todas sus dificultades, carencias y obstáculos. Y así, insertado en el tiempo, el niño se desarrollará menos adicto al placer, aceptará mejor el límite y la disciplina, y será un bebé más sereno[54].

Duele separarnos del hijo. Duele porque la unión desde el seno materno ha sido fortísima y ha generado una relación y un estado de confianza que solo se podrá relajar con un esfuerzo y trabajo considerables. Nos desgarra pensar que ese hijo que hemos llevado en las entrañas y al que hemos dedicado parte de nuestra vida, es una vida autónoma y que debemos dejarle ir, que vuele, que tenga su propia vida, diferente e independiente de la nuestra.

La buena madre es aquella que sabe que el hijo debe emprender su propio camino y que, por ello, le educa para una vida que va a ser en la inmensa parte de su tiempo sin su presencia y auxilio. Enseñarles a prescindir de nosotras es el mayor regalo que podemos hacer a nuestros hijos.

La buena madre sabe que el seno materno y el mundo femenino-maternal es acogedor, pero limitativo y que ante la resistencia del hijo a volar ella debe tener la fortaleza suficiente para empujarle fuera del nido después de haberle dado las herramientas oportunas para valerse por sí mismo.

La buena madre sabe que el mundo, fuera del recinto cerrado de la familia, es complicado, lleno de peligros y sobresaltos, pero también un lugar maravilloso, lleno de retos y sorpresas. Por ello, debe parirlo dos veces:

---

[54] A. NAOURI, *Padres permisivos, hijos tiranos,* Ediciones B, 2005, p. 330.

una, carnalmente, regalándole la vida biológica; otra, socialmente, insertándolo en el mundo exterior, de los símbolos y la cultura[55].

La buena madre sabe que es bueno para el hijo que experimente la soledad. Esa es la sublimación materna: hacer posible la alteridad del hijo, su separación y desapego de sí misma, el sacrificio de los lazos familiares primarios. Dejar libre al hijo para que pueda perderse, extraviarse, dañarse y fracasar, todo ello para encontrarse a sí mismo[56].

La buena madre acepta que el hijo vaya por caminos que nosotras no habíamos programado, ni pensado, derroteros que muchas veces no entenderemos, porque todo hijo encierra un enigma indescifrable en el ejercicio de su libertad. Pero no tenemos hijos para

---

[55] La Virgen María dio a luz a Jesús regalándole la vida biológica y carnal. Más tarde, en las Bodas de Caná, María mostrará nuevamente su grandeza como mujer, en un segundo alumbramiento, dando a luz a Jesús a la vida pública. Su generosidad como madre es abrumadora, al impulsar a Jesús a salir a la vida exterior y social, lejos del hogar familiar, con todos sus riesgos y desafíos, consciente de que lo iba a perder. La grandeza de María está en ser capaz de tomar la aterradora decisión de regalar la aventura al hijo: el regalo de la libertad como regalo de amor a su hijo y a la completa humanidad. María sabe en Caná que ha llegado el momento de este segundo alumbramiento, como supo cuándo había llegado la hora de darlo a luz en Belén. Jesús siente angustia y se resiste («Aún no ha llegado mi hora»). María sabe que es el momento oportuno y le empuja fuera del nido («Haced lo que él os diga»). «Mujer, ¿Qué hay entre tú y yo?»; Jesús pregunta a María, sorprendido: ¿Madre, ¿qué estás haciendo? Como el feto se siente desconcertado cuando comienzan las contracciones. La madre sabe que retenerlo es matarlo simbólicamente, apropiándose de su libertad.

[56] Nuevamente la Biblia en la parábola del hijo pródigo nos muestra la necesidad de que el hijo se pierda (fracase, sufra, sienta la soledad) para encontrarse a sí mismo.

comprenderlos sino para amarlos. En el amor no hay comprensión sino respeto por el secreto absoluto del hijo a veces imposible de entender. El amor se basa en la lejanía de la diferencia y en su respeto.

Toda madre debe conceder a los hijos el regalo de su ausencia, dejarlos marchar, no retenerlos en su propia órbita. Esto no es expresión de amor, sino una actitud egoísta y contraproducente para el niño y sus exigencias legítimas de autonomía e independencia y para la propia madre que queda esclavizada de por vida. La vida nos confía criaturas preciosas para que nosotras, transmitiendo valores y criterios, les ayudemos a desarrollar en plenitud sus propios dones para que puedan invertirlos en el mundo.

En todas las culturas, la separación del hijo de la madre es un hecho esencial, un momento decisivo, no solo para la vida del hijo y de la propia madre, sino para la entera sociedad. Desde el punto de vista emotivo, la madre tiene un papel muy difícil. En cierto sentido muchas madres lo perciben como antinatural: debe estimular poco a poco el alejamiento de sí misma, y favorecer la desvinculación afectiva del hijo hacia ella sin inducir sentimientos de culpa por este "abandono"[57]; pues en la vivencia materna, la tendencia al sentimiento de culpa es estructural y posee un poder casi irresistible[58].

El desapego permite a los hijos madurar, completar su crecimiento, y a la madre salir de un rol fijo y a veces

---

[57] M. Ceriotti, *La familia imperfecta. Cómo transformar los problemas en retos*, ed. Rialp, 2019, pp. 57-94.

[58] O. Poli, *Madres demasiado madres*, ed. Rialp, 2011, p. 106.

abrumador para recuperar y fecundar otros espacios propios en su vida como mujer. Cuando lo logremos, seremos libres para desarrollarnos como mujeres; no solo como madres. Sin remordimientos de conciencia y conscientes de que somos imperfectas, cometemos errores y siempre será necesario recomenzar. En este sentido, tener una actividad externa a la familia (trabajo, voluntariado, amistades) nos ayudará al desapego. Asimismo, la creencia religiosa, confiando en la providencia, resulta un gran alivio para la mente y el corazón de la madre: el de saber que nuestros hijos están "en buenas manos". Y poder contar con el padre de nuestros hijos que, con amor y delicadeza, nos recuerde que además de madre somos también mujeres, destinadas no a vivir con nuestros hijos eternamente, sino a profundizar en el amor conyugal, enamorándonos cada día más el uno del otro, será tremendamente beneficioso para todos.

También resulta muy liberador saber, como señalan algunos psiquiatras y psicólogos infantiles, que en la formación de los hijos nuestro papel no es tan decisivo como pensamos. No somos los dueños de su destino. Ellos, a partir de cierta edad, son responsables de sus actos y tienen el poder de decidir por sí mismos. Es lo que denomina Poli "el principio de responsabilidad limitada", que nos ayudará a no angustiarnos y adquirir mayor serenidad[59]. Como afirmaba Viktor Frankl, son las decisiones y no las condiciones las que configuran nuestra existencia y determinan quiénes somos.

---

[59] Ibídem, p. 39.

Papel del padre en la libertad de los hijos y de la madre

Cuando la madre no es capaz de liberar al hijo de sí misma en la justa medida, corresponde al padre, con una presencia real y afectuosa, reconducir la relación a sus justos términos por el bien de ambos. La entrada del padre en esa unidad materno-filial abre al hijo a la necesaria relación con el mundo que le va a permitir desarrollarse como persona de forma plena fuera del influjo del regazo materno.

En estas circunstancias, es misión del padre «salvar» a la madre y al hijo del peligro de la simbiosis que elimina la alteridad de ambos; especialmente aquellas madres demasiado ansiosas o preocupadas por su hijo que le transmiten una percepción del mundo como un lugar plagado de peligros y, en consecuencia, la idea de que solo estará a salvo en el regazo materno.

En este contexto, el padre, si ejerce con amor su papel de «separador», permite al niño diferenciarse de la madre y avanzar en su evolución hacia el estado psicológico de adulto. El padre es quien permite enfrentar la realidad y la separación o insertar entre la madre y el hijo un espacio que libera de la inmediatez y la fusión con los seres y las cosas. Como señala Recalcati: «La función paterna tiene como primera tarea prohibir lo que, sin embargo, el Edipo de Sófocles lleva a cabo: la unión incestuosa con la madre. Un padre, parece decirnos Freud, es aquel que sabe hacer valer la ley de la interdicción del incesto facilitando el proceso de separación del hijo respecto de sus orígenes»[60].

---

[60] M. RECALCATI, *¿Qué queda del padre? La paternidad en la época de la hipermodernidad*, ed. Xoroi Edicions, 2015, p. 21.

El padre representa la libertad, tanto para el hijo como para la madre. Una función paterna, que se cumple de diferentes maneras a lo largo de la vida, es la de dejar ir a los hijos, empujarles al mundo tras haberles provisto de información y haberles entrenado en el uso de las herramientas propias de ellos. Cuando la madre tiende a retener al hijo, es el padre quien, con amor, presencia y asertividad, puede cortar ese cordón umbilical invisible que une a madre e hijo[61].

El padre libera al hijo de la excesiva dominación de su madre y le permite sentirse como un ser pleno y autónomo, lo que le ayudará a su vez a madurar. Concede libertad a sus hijos para tener sus propias experiencias, incluyendo riesgos, fracasos y sufrimientos; lo que sin duda ayuda al hijo a percibir sus propias limitaciones y le fortalece. Desafía los límites del universo materno, lo separa y permite al individuo despegarse de los niveles psicológicos de la infancia[62].

---

[61] Para Françoise Dolto, psicoanalista católica, la simbología de la separación necesaria entre padres e hijos se repite constantemente a lo largo del evangelio («He venido a enfrentar al hijo con su padre y a la hija con su madre») emancipando el proceso de filiación de toda base biológica-natural («¿quién es mi madre y quiénes son mis hermanos?») liberando al hijo del recinto cerrado familiar para hacer su vida realmente generativa y viva. En el famoso pasaje del juicio, Salomón aparece como "padre" que interviene para dar libertad al hijo que resulta secuestrado por la madre. F. DOLTO, *El evangelio ante el psicoanálisis*, ed. Cristiandad.

[62] La importancia de la dación de libertad a los hijos por parte del padre aparece constantemente en los Libros Sagrados. En concreto, en dos figuras paternas impresionantes: Abraham y José. A ambos padres Dios les exige lo mismo: renunciar a la propiedad sobre el hijo. Saber perderlo. Todo el viaje de Abraham hacia el monte y de José hacia el templo deviene un nuevo concepto de paternidad: el padre del regalo de la libertad. Desde ese momento, los caminos de padre e hijo se separan.

La separación es un trauma necesario y beneficioso: «El padre inflige el primer dolor, afectivo y psicológico, interrumpiendo la simbiosis con la madre (en la que el bebé sigue hasta que es absolutamente necesaria la intervención paterna) (...) el padre hiere al hijo para hacerle más fuerte (...) la herida infligida por el padre, intrínsecamente necesaria en la existencia del hombre, es también fundadora de su orden». Por ello, el padre deberá separar con delicadeza, de forma amorosa y responsable, pues no abandona al hijo a su suerte, sino que, en un proceso de iniciación, le guía, le marca el camino, le concede herramientas morales, éticas y espirituales para la nueva andadura y le enseña cómo sobrevivir lejos del campamento base de mamá. Lo que hace posible el acceso al mundo de la cultura y los símbolos. «Si la separación no se realiza bien, el individuo corre el peligro de seguir siendo toda su vida un niño que añora al ser amado del que le han separado y que busca, en una estéril ansia narcisista, la mirada de aprobación materna»[63].

El lazo con el padre es alianza y raíz, responde a la exigencia de pertenencia que caracteriza al ser humano.

Abraham no volverá a ver a Isaac, que formará su propia familia. José no volverá a aparecer en los evangelios (lo que nos hace pensar quizá en su fallecimiento). Esta referencia implícita a la necesaria libertad del hijo la hallamos cuando María y José perdieron al niño en el Templo. En este caso, los padres de Jesús no volvieron a encontrarlo porque, tras tres angustiosos días de búsqueda, no hallaron ya al niño Jesús, sino a este convertido en un hombre (pensemos que los 12 o 13 años suponían entonces para los hebreos la mayoría de edad de los jóvenes). Sobre el sacrificio de Abraham, vid. A. QUEVEDO, *En el último instante: la lectura contemporánea del sacrificio de Abraham*, ed. EUNSA, 2006.

[63] C. RISÉ, *El padre. El ausente inaceptable*, ed. Tutor, Psicología, 2006, pp. 18 y 27.

Pero a la vez el hijo necesita alas, empuje a lo desconocido, a nuevas experiencias que favorecen el crecimiento, exigencia legítima de diferenciación. La vida humana exige raíz, pero también rebelión; lazos familiares, pero también su disolución[64]. "Pertenencia y errancia" ("procedencia y porvenir") definen los dos polos de la subjetividad humana: *pertenencia* como tendencia a la identificación, a pertenecer a una comunidad, a estar juntos, a arraigar en una cultura de grupo; y *errancia* como viaje que separa, que crea la experiencia propia, que libera, que diferencia[65]. El efecto del desenganche realizado por el padre será siempre beneficioso, no mortifica la relación materna, sino que la vivifica sustrayéndola al empaste necesariamente incestuoso de la identificación indiferenciada con el propio hijo[66].

El padre liberador acompaña, observa y guía al hijo responsablemente. El padre promueve la emancipación. En este sentido el padre es "aventura": el mundo exterior, lejos de la madre, está lleno de incertidumbres, miedos y dificultades; pero es también excitante y novedoso. Como señala Zoja, mientras la madre abraza al hijo y fija sus ojos en los del hijo sin cambiar la posición del amamantamiento, el padre, con frecuencia, lo gira y

---

[64] M. RECALCATI, *El secreto del hijo. De Edipo al hijo recobrado*, ed. Anagrama, 2020, p. 114.

[65] María y José, como padres, dieron a Jesús un fuerte sentido de pertenencia, pero fueron capaces de regalar a Jesús la errancia. Y este la aplicará también para la vida espiritual («Las zorras tienen guaridas y las aves nidos pero el hijo del hombre no tiene dónde reclinar la cabeza»; «Dejad que los muertos entierren a sus muertos»; «Nadie que pone la mano en el arado y mira hacia atrás es apto para el Reino de los Cielos»).

[66] M. RECALCATI, *¿Qué queda del padre? La paternidad en la época hipermoderna*, ed. Xoroi Edicions, 2011, pp. 48-63.

lo invita a mirar hacia el exterior, es decir, a contemplar el mundo con una mirada paralela a la suya[67].

El padre es el que prioritariamente enseña a los hijos a abrir la puerta de la vida con prudencia, pero también con decisión; evitando que el hijo renuncie a retos, a experiencias que le harán crecer y ampliar sus horizontes por miedo, pasividad, comodidad o conformismo. Pero a la vez es *custodio*: el padre está siempre a su lado en la exploración de ese mundo nuevo plagado de retos[68].

Sin embargo, la realidad más extendida en la actual confusión ambiental es que los hombres andan errantes y confusos en su papel de padre y las mujeres se aferran a sus hijos como si fuera un valor añadido de su propiedad, cuya legitimidad no les parece que pueda ser cuestionada o puesta en entredicho[69].

LA BELLEZA DE LA MATERNIDAD ESTÁ EN PRIORIZAR LA PAREJA

Toda madre que tenga la fortuna de estar amorosamente acompañada del padre de la criatura debe ser consciente de que su propia libertad, como mujer, depende de su capacidad para poner al hijo en el lugar que le corresponde, siempre detrás de la pareja, en la base de la pirámide de la jerarquía generacional; nunca en la cúspide.

---

[67] L. ZOJA, *El gesto de Héctor. Prehistoria, historia y actualidad de la figura del padre*, ed. Taurus, Madrid, 2018, p. 290.

[68] En palabras de Vidal, «la entrega paterna se hace desde la aventura y la custodia». F. VIDAL. *La revolución del padre. El padre que nace y crece con los hijos*, ed. Mensajero, 2018, p. 282.

[69] A. NAOURI, *Hijas y madres*, ed. Tusquets, 1999, p. 277.

La consigna es "la pareja primero". No se trata de un eslogan, es algo que debemos buscar sinceramente, una medida de sabiduría[70]. Porque para hacer felices a nuestros hijos primero nos debemos preocupar de hacernos felices el uno al otro. Una sana relación de pareja es el mejor antídoto contra los excesos del dominio materno y garantía de libertad y autonomía para el hijo en un marco de seguridad y felicidad. El hijo verdaderamente libre desde el punto de vista psíquico es el hijo de "la pareja"[71]. Un padre debería ser para el hijo, en primer lugar, la persona de la que su madre está enamorada. Y una madre debería ser para el hijo, la persona de la que su padre está enamorado. Sin embargo, muchas veces sobreponemos todo el bien del hijo en detrimento de la pareja, del cónyuge, pero al hacerlo así, como señala Hadjadj, olvidamos la esencia de la familia y, aunque pensamos que la estamos defendiendo, estamos dando lustre a las armas que permiten demolerla[72].

La felicidad de los hijos se gesta en el lecho de los padres, simbólicamente hablando. Si queremos hacer felices a nuestros hijos debemos esforzarnos primero por tener una sana relación de pareja, centrarnos en alimentar el amor día a día. No solo en beneficio de los hijos, sino por nosotros mismos, pues lo correcto será que los hijos vuelen cuando llegue el momento y podamos seguir con nuestra pareja una vida plena y feliz. Lejos de encontrar normal el "síndrome del nido vacío", con la

---

[70] A. NAOURI, entrevista, gentedigital.es/Patricia Costa, 29/10/2008.

[71] M. CERIOTTI, *Erótica y materna. Un viaje al universo femenino*, ed. Rialp, 2019, p. 65.

[72] F. HADJADJ, *¿Qué es una familia? La trascendencia en paños menores (y otras consideraciones ultrasexistas)*, ed. Nuevo Inicio, 2015, p. 28.

dosis de angustia y depresión que implica, deberíamos ser capaces de celebrar la emancipación de los hijos –a los que habremos dado las herramientas precisas para ser autónomos e independientes– y experimentar la alegría de poder retomar nuestra vida juntos en una nueva etapa de madurez profundamente gratificante.

Como afirma Naouri, los padres sirven para eso, para encontrarse solos un día y, en el mejor de los casos, felices de estarlo, porque habrán comprendido que han cumplido con su deber, como pudieron y tanto como les fue posible, conduciendo a sus hijos por los caminos de la vida[73].

Pero en este proceso la madre es protagonista. El hijo no puede acceder a la percepción de su padre más que a través del filtro constituido por su madre. La capacidad de la madre para transmitir su opinión sobre el progenitor, sin la menor palabra ni el menor discurso, solamente con su gestualidad, es una ventaja formidable que guarda durante toda su vida sobre el padre, el cual, para llegar al mismo resultado, se ve obligado a pasar indefectiblemente por una palabra que puede no llegarle al hijo si la madre pone algún obstáculo. La forma como la mujer trate al padre de sus hijos conducirá tanto a su hija a imitarla con el padre de los suyos, como a su hijo a inducirla en la madre de los hijos que un día tendrá[74]. La madre debe designar al padre como tal ante el niño e introducirlo en su mundo simbólico. Le debe indicar de manera implícita y explícita, si fuera

---

[73] A. NAOURI, *Hijas y madres*, ed. Tusquets, 1999, p. 248.

[74] A. NAOURI, *Padres permisivos, hijos tiranos*, Ediciones B, 2002, pp. 207 y 239 y 266.

preciso, que el lugar del padre para ella es de primera importancia. Ella es la única que puede o no designar al padre frente al niño e introducirlo ante él.

Del mismo modo que el padre ayuda a temperar la propensión natural de la madre y preservar su parte como mujer y esposa, la madre deberá esforzarse por favorecer el desarrollo y protagonismo en el padre de su parte como hombre y pareja.

Todas provenimos de una familia concreta con sus costumbres, hábitos y manías. En este sentido es importante ser capaces de "arrancarnos" de nuestra historia familiar de origen para dar comienzo a una nueva andadura propia, pues muchos de los conflictos que se generan en el matrimonio y la pareja provienen de un excesivo anclaje a la familia de la que provenimos. Nuestra familia no debe ser una mera prórroga de la familia que constituyeron nuestros padres. Debemos tener cuidado de que las costumbres de nuestro pasado familiar no se instalen de forma impositiva en el presente de nuestra nueva familia pues podrían llegar a parasitar nuestro futuro y cercenar el novedoso despliegue propio y autobiográfico de nuestra historia; una familia con su marca personal propia.

Las relaciones verticales (con los padres de origen y luego con los propios hijos) no deben ser un obstáculo o interferencia en la relación horizontal (relación de pareja o matrimonio) que debe en todo caso prevalecer; ser mimada, cuidada, preservada. Si la verticalidad gana la batalla a la horizontalidad, esta tiene grandes posibilidades de no poder nunca ser desarrollada en plenitud.

7.
LA URGENCIA DEL AMOR.
MATERNIZAR LA SOCIEDAD

SI TENER HIJOS SE PLANTEA en términos de sacrificio, negación de una misma, fin de la libertad, tiranía y agotamiento, es normal que las mujeres no quieran ser madres. Si, además de la falta de reconocimiento social, desde el poder público las madres no reciben ningún tipo de apoyo económico, si desde el punto de vista profesional no supone ningún beneficio curricular y desde el laboral se considera un escollo, entonces ser madre se convierte en algo heroico. Ser madre es un auténtico trabajo profesional, humano y social, que merece ser reconocido como tal por el poder público y la sociedad, además de ser una llamada al valor y a la responsabilidad.

Si realmente existe un derecho de la mujer que ha sido olvidado y minusvalorado por el feminismo y al que apenas se presta atención por el poder público, es el derecho a una maternidad natural y en plena libertad, es decir, sin condicionamientos sociales, sin presiones ambientales, sin consecuencias negativas laborales, sin incomprensiones dogmáticas. A una maternidad "natural", en el momento en el que la mujer es joven y tiene capacidad generativa, pues es cuando su cuerpo y su mente están preparados para acoger equilibradamente una nueva vida. Lo contrario, apoyar e incluso fomentar la renuncia a la maternidad o la maternidad tardía con todo lo que ello implica de dolor, ansiedad y sufrimiento, es agresión y violencia simbólica contra la mujer y atentado contra su dignidad y la de su descendencia[1].

Sin nostalgia por tiempos pasados, sin embargo, podemos afirmar que en otros tiempos existía cierto consenso, porque compartíamos el reconocimiento de la importancia y el valor de la maternidad como algo colectivo. Sería revolucionario que la valoración de la maternidad volviera a situarse como punto de referencia integral, porque significaría que hemos vuelto a tener un sentido comunitario en torno a algo que es sublime, bello y prioritario para la sociedad.

Las ridículas bajas maternales son una muestra de lo que nuestra sociedad espera de las madres: volver a la vida estresante a los pocos meses de haber dado a luz, como si nada hubiera pasado, como si madre e hijo no precisasen de un tiempo considerable de aclimatación a la nueva situación, como si el puerperio y la lactancia fueran fáciles y asépticas, como si todo se desarrollara en un cuento de

---

[1] Los expertos señalan una relación íntima de causalidad entre el retraso en tener el primer hijo y el aumento de casos de cáncer de mama. El doctor Martínez-González afirma categóricamente que adelantar el primer parto a edades más jóvenes previene a la larga este tipo de cáncer. M. A. MARTÍNEZ-GONZÁLEZ, *Salmones, hormonas y pantallas. El disfrute del amor auténtico, visto desde la salud pública*, ed. Planeta, 2023, p. 241.

hadas (sin dolores, depresión, conflictos internos, crisis de pareja). Como si lo supiéramos todo sobre cómo ser madre. Como si nuestro cuerpo y nuestra mente no necesitasen un respiro suficientemente largo y sosegado. En definitiva, como si la vida laboral y profesional fuera más importante que la familiar.

Tenemos que revisar el modelo social para buscar otras opciones que hagan sostenible la relación trabajo y vida de las mujeres que han sido madre. No se trata simplemente de aprobar permisos. Se trata de cambiar la relación entre lo productivo y lo reproductivo. Entre lo económico y los cuidados.

En una sociedad que prioriza el valor de la productividad en detrimento del valor de los cuidados, hemos aprendido a disimular, reprimir y ocultar la inmensa necesidad de atención y apoyo que precisamos durante el embarazo, después de haber dado a luz y durante los primeros años de vida de las criaturas. Esto es maltrato institucionalizado contra la maternidad. El "antimaternalismo" que aún arrastramos desde los años sesenta es otro tipo de discriminación y violencia contra la mujer que no puede tener cabida en una sociedad avanzada. La "corresponsabilidad" debe ser no solo entre el padre y la madre, sino social. La legislación debe intensificarse y poner en el centro las necesidades de lo que ocurre en el hogar, implicando a los hombres, pero también a la entera sociedad. No solo debemos apostar por acabar con la brecha salarial o económica, sino que, además, también hay que acabar con "la brecha de reconocimiento"[2]. En una sociedad

---

[2] Según las cifras recabadas, cuatro de cada diez mujeres se han sentido menos valoradas en su empleo o en su entorno familiar y de amistades

preocupada por los derechos de las minorías, resulta paradójica en extremo la invisibilidad de las madres, que hoy constituyen una de las minorías más vulnerables y menospreciadas.

La maternidad debería ser una experiencia de goce y placer que merezca la pena ser vivida. Y debería ser una prioridad absoluta para cualquiera que se considere feminista. El cuidado debería ser una obligación política y social ineludible, al margen del nivel social y económico del que gocemos.

Si queremos que las mujeres tengan hijos, y los tengan con dignidad, es imprescindible darles las condiciones adecuadas para ello: cuidados, tiempo, reconocimiento, valoración, ventajas, comprensión y agradecimiento por la inmensa labor que realizan. Necesitamos políticas públicas y medidas privadas que den respuestas factibles a las necesidades reales de las madres.

Por todo ello, es urgente rehumanizar la vida y devolver el proceso de filiación a una visión naturalista de la familia y a un modelo de maternidad destinada a resistir las transformaciones antropológicas y éticas que están arrollando nuestra época; función esencial de la maternidad que ningún cambio histórico podrá eliminar jamás.

Es urgente volver a "amar" la vida sin reservas ni condiciones; con sus defectos, imperfecciones y carencias. Amar al hijo, amar a aquel que no ha sido elegido, producto de la contingencia y de la apertura a lo inédito.

------

al convertirse en madre. Vid. al respecto, los datos extraídos del informe sociológico de 2022, El coste de la conciliación, elaborado por la asociación "Yo no renuncio".

Los cuidados maternos nunca son anónimos, genéricos, protocolarios, estándares, la atención materna no es el cuidado de *la* vida en general, sino de *una* vida en particular. La atención de la madre hacia su hijo nunca es anónima ni aséptica porque se basa en el amor hacia un ser concreto, singular y único. El amor de la madre no radica en cultivar lo propio, sino en abrirse al otro. La vida humana cuando llega al mundo siente la necesidad imperiosa de encontrar ese amor materno; amor que resista a los cambios de los tiempos, a la precariedad y turbotemporalidad de la actual hipermodernidad y a las ideologías que tratan de convencernos de su banalidad. Amor frente a la individualización hipertrofiada. Amor que no deriva sólo de sentimientos o emociones, sino del ejercicio de la voluntad que implica asumir con determinación la decisión de pensar en los demás antes que en uno mismo, como hábito.

Este amor incondicional, pero real (no idealizado), encuentra el ámbito adecuado para su desarrollo en la familia porque es en ella donde se acoge sin reservas el maravilloso regalo inesperado del hijo. Apenas somos conscientes de hasta qué punto un niño nos cambia como personas, nos hace más humanos, más "niños" y, por lo tanto, más auténticos y limpios de corazón. Todo niño tiene el revolucionario potencial de transformarnos, de hacernos mejores personas y, en consecuencia, de transformar la sociedad y el mundo.

Es urgente volver a una feminidad equilibrada. Existe una crisis del ser humano, pero en la mujer tiene una especial trascendencia porque es la puerta de entrada de la vida al mundo.

Necesitamos mujeres indomables, capaces de ir contracorriente, rebelarse contra los cánones de belleza establecidos y una mística artificial de la feminidad que les ha segado su parte natural, su parte materna y su feminidad.

Mujeres capaces de crear, a partir de sus propias necesidades y capacidades, con independencia de criterio, un nuevo plan de vida que combine el amor a las criaturas y el hogar —que han definido la feminidad en el pasado— con su desarrollo personal y profesional —esencial en la actualidad—.

Necesitamos mujeres que busquen el equilibrio entre su parte erótica y su parte materna. Porque el éxito profesional, la igualdad o incluso el poder político, no significan, dejar de necesitar amar y ser amada por un hombre, o que te dejen de importar tus criaturas. No implica, en definitiva, dejar de mostrar ternura.

Mujeres que se acepten con todas sus imperfecciones, defectos y carencias. Mujeres que se aman como son y se respetan. Mujeres que tengan una graciosa percepción de su propia imperfección, que saben que no pueden llegar a todo, que el equilibrio entre la familia y lo laboral siempre será desequilibrado.

Mujeres que escuchen su voz interior para encontrar su identidad en este mundo cambiante, que se conozcan a sí mismas, hechas de cultura, sí, pero mal que les pese a los seguidores de Beauvoir y a las feministas de género, hechas también de naturaleza; mujeres en las que la feminidad impregna cada una de las células de su cuerpo, en las que el sexo es constitutivo de su persona, que sientan orgullo de su singularidad y que asuman una conciencia no culposa de su naturaleza de mujer que nos proporciona unas habilidades innatas para el ejercicio de la maternidad que, no son debilidades ni defectos, sino manifestaciones maravillosas de esa huella psicológico materna con la que todas las mujeres nacemos en la medida en que estamos diseñadas para traer vida.

La cultura nos afecta en la medida en que formamos parte de una sociedad profundamente ideologizada. Y, por desgracia, la sociedad actual, como ya hemos expuesto, no ve con buenos ojos la maternidad. En este sentido, debemos tener la valentía de decir no a los manipuladores que están tratando de dirigir nuestra vida. De oponernos a las obscenas pretensiones de aquellos que desean rediseñarnos y rescatarnos de la feminidad y especialmente de la maternidad, como si fueran defectos que deben extirparse.

Mujeres que en relación con la maternidad están abiertas a la contingencia, a lo imprevisto; a pesar de las dificultades y obstáculos que esto pueda suponer.

Mujeres para las que el hijo no es una carga, un fardo, un problema o un obstáculo a su realización personal y profesional, sino un don, una sorpresa, un regalo inédito e inesperado.

Mujeres que aman a los hombres y no ven en ellos al enemigo, sino al compañero, amigo y complemento junto al que se sienten seguras. Que tienen la humildad y la inteligencia de aprender de lo masculino que las enriquece. Y que, con plena confianza, se dejan proteger por los hombres a los que aman.

Mujeres que conocedoras de la importancia de un padre en la vida y configuración de la personalidad de los hijos, le abren la puerta del hogar, le permiten intervenir con confianza en la crianza y educación de los hijos, respetando siempre su estilo masculino paternal, no como una mamá bis, no exigiéndole que se "maternice", sino como un hombre, con una masculinidad equilibrada, mezcla de ternura y fortaleza, de afecto y autoridad, capaz de elogiar pero también reprobar cuando sea preciso, que ofrecerá a los descendientes una visión del mundo diferente y complementaria de la nuestra.

Mujeres que luchan por la estabilidad familiar, sabiendo que la familia no es siempre un lugar idílico, sino un campo de batalla en el que vuelan los platos y hay conflictos, pero también es el lugar en el que se perdona lo imperdonable, donde se ama a los hijos con todas sus imperfecciones y problemas y donde se les concede una dignidad, identidad y sentido de pertenencia que les permite existir.

Mujeres capaces de regalar a los hijos el único legado válido que se les puede dejar, en palabras de Goethe, raíces y alas.

Necesitamos que hombres y mujeres, recuperen la visión maternal de la sociedad; volver a preocuparnos y ocuparnos los unos de los otros. Y en concreto, con especial cariño y solidaridad, de las madres y mujeres embarazadas. Como señala la antropóloga María José Garrido, no ha existido nunca una generación de madres menos acompañadas en la crianza de los hijos que la actual[3]. Hoy tenemos menos hijos, pero también menos apoyos, incentivos, ayuda, comprensión, menos vínculos en general. Y como señala Neuburger, por paradójico que pueda parecer, es una realidad comprobada

---

[3] Citada por D. OLIVER, *Maternidades precarias. Tener hijos en el mundo actual: entre el privilegio y la incertidumbre*, ed. Arpa, 2022, p. 13.

constantemente por el psicoanálisis que, a mayor número de vínculos, a mayor número de dependencias, mayor libertad[4]. Una idea también señalada por Kierkegaard, cuando afirma que la propia libertad se basa en la dependencia. Zubiri, en la misma línea afirma que por sí solo, el ser humano no tiene fuerza para llegar a ser[5]. La verdad es que soy tanto más yo mismo cuanto soy por otros, con otros y para otros[6]. Pero los vínculos se ven en la actualidad, erróneamente, como cadenas insoportables en esta sociedad hiperindividualista.

Hubo un tiempo en el que la sociedad cuidaba de los débiles de forma altruista y habitual, especialmente de las mujeres durante el embarazo, puerperio y crianza. Un momento en el que los vecinos, los transeúntes, los amigos, la familia extensa, colaboraban para hacer más fácil y llevadera la maternidad, un tiempo en el que el crío circulaba de regazo en regazo con plena seguridad. Con consejos, favores, atención, dación de sí mismos, nos lanzábamos a "perder el tiempo" ayudando en la medida de nuestras posibilidades. Existía una sensación de hermandad, de fraternidad, con aquellos que nos rodeaban de forma próxima. Un vecino que te hacía la compra, un conocido que te ayudaba con las bolsas, un amigo o familiar que se quedaba con los niños en determinadas situaciones, un transeúnte que advertía a tus niños del peligro de cruzar sin mirar y, en general, una sociedad que miraba con ternura a la madre y mujer

---

[4] R. NEUBURGER, *Existir. El más íntimo y frágil de los sentimientos*, ed. Kairós, 2020, p. 47.

[5] X. ZUBIRI, *Naturaleza, historia, Dios*, Alianza Editorial, 1994, p. 371.

[6] F. HADJADJ, *¿Por qué dar la vida a un mortal? Y otras lecciones*, ed. Rialp, 2020, p. 196.

embarazada haciéndola sentir importante, orgullosa de estar haciendo lo correcto a pesar de las múltiples, infinitas dificultades que nos rodean en esos momentos de la vida. Estas formas de "solidaridad comunal" no estrictamente familiar, que proporcionaban no hace mucho un marco más adecuado para criar a los hijos, se han desvanecido[7]. Esta herencia social se ha perdido.

En tiempos pretéritos la mujer, embarazada o que había sido madre, se dejaba ayudar, sin orgullos absurdos, sin sentirse por ello débil, sabiendo que esa dependencia es sana, normal, habitual en esas circunstancias. Hoy la "idolatría del yo", el pensar de modo autorreferencial "puedo sola", muchas veces, nos impide recibir la ayuda necesaria para mantener una vida tranquila.

La idea actual de que las madres son capaces de cuidar a sus hijos en soledad es relativamente reciente y contrasta con la necesidad de relación que está impresa en los genes femeninos[8]. Está demostrado que el estrógeno refuerza el impulso por establecer lazos sociales basados en la comunicación y el compromiso y que la autoestima de las mujeres radica en su capacidad para conservar relaciones afectuosas. De manera que esta soledad autoimpuesta podríamos considerarla contraria a nuestra realidad biológica[9].

Como decía Herodoto: «Ningún ser humano aislado puede bastarse por sí solo». Pretender autoexistir es una tarea imposible, el tejido de relaciones y pertenencias

---

[7] C. DEL OLMO, *¿Dónde está mi tribu? Maternidad y crianza en un mundo individualista*, ed. Clave Intelectual, 2022, p. 33.

[8] K. ELLISON, *Inteligencia maternal. Cómo la maternidad nos hace más inteligentes*, ed. Destino, 2006, p. 309.

[9] L. BRIZENDINE, *El cerebro femenino*, ed. RBA, 2006.

que nos vinculan con el mundo exterior es imprescindible. Necesitamos sentirnos pertenecientes a la familia humana (familia biológica pero también social y cultural). Pensar en uno mismo exclusivamente resulta extenuante, pues al perder la propia soberanía también se pierden las fuerzas para ser dueño de uno mismo.

No perdemos dignidad por dejarnos ayudar y por permitir que nos cuiden. La dignidad, como dice Neuburger, está vinculada al respeto que nos tenemos y al que otros nos muestran[10].

La "mística de la feminidad" actual nos impone un arquetipo: ser duras y superar los obstáculos en soledad. Pero la mística es un patrón del que podemos desprendernos. Todo ser humano es capaz de desligarse por propia voluntad de "las dependencias de un entorno abrumador" y emanciparse de "la autoinfligida cosificación"[11], ganando de este modo distancia frente a sí mismo, lo que favorece el autoconocimiento.

Como señalaba Ortega y Gasset, todo ser humano es autor de sí mismo y puede optar entre ser un "escritor original" de su propia vida o un mero "imitador". Es la hora de que las mujeres dejemos de imitar e intentar encajar en un molde que nos viene impuesto socialmente y empecemos a ser verdaderamente libres.

Libres para dejarnos ayudar, libres para ser imperfectas, libres para no disimular nuestras debilidades, libres para mostrar sin tapujos nuestro lado materno y nuestra

---

[10] R. NEUBURGER, *Existir. El más íntimo y frágil de los sentimientos*, ed. Kairós, 2020, p. 11.

[11] J. HABERMAS, *El futuro de la naturaleza humana, ¿hacia una eugenesia liberal?*, Biblioteca del presente, 20, ed. Paidós, 2001, p.17.

preferencia por la vida privada, libres para atarnos por amor, libres para llorar cuando la situación nos sobrepasa sin ser tachadas de débiles, libres para mostrar con orgullo el amor hacia nuestra pareja y la confianza en los hombres buenos, libres para dejarnos complementar por la masculinidad equilibrada, libres para ser nosotras mismas. Esto nos dará una enorme tranquilidad y sosiego interior al percibir un sentimiento de estar conforme con la vida que llevamos y que hemos elegido libremente.

Necesitamos atrevernos a reclamar un mundo diferente, una sociedad que se organice en torno a las necesidades humanas más básicas y elementales de las mujeres que somos la puerta de entrada a la vida en el mundo.

8.
POR QUÉ SER MADRE EN TIEMPOS DE APOCALIPSIS. LA NATALIDAD SALVARÁ AL MUNDO

A VECES NECESITAMOS QUE una realidad, como es la maternidad, se vea amenazada de descomposición para que finalmente podamos comenzar a reconocerla y otorgarle el valor que merece. Como sabiamente aconsejaba Lewis: «Cuando ves que te acercas a un precipicio, la cuestión no es seguir avanzando, sino retroceder».

Los efectos de la mutación antropológica que está experimentando la mujer, van más allá de consecuencias coyunturales, individuales o singulares. Por el contrario, son susceptibles de provocar convulsiones sociales capaces de dañar la condición humana y, en consecuencia, la estabilidad de nuestro mundo desarrollado[1].

---

[1] Según Von Hildebrand, el mundo contemporáneo se encuentra en una encrucijada peligrosa. Este nuestro mundo feliz está enfermo de muerte y, a menos que cambiemos de curso de manera radical, esta enfermedad ha de resultar mortal. A. VON HILDEBRAND, *El privilegio de ser mujer*, ed. Eunsa, 2022, pág. 23.

Scruton, mantiene al respecto que, nuestra sociedad, reacia al afecto materno y al autosacrificio por los descendientes, es disfuncional y por ello, destinada a desaparecer[2].

En la misma línea, Naouri afirma que la dinámica de nuestras sociedades, volcadas en el consumo y que privilegian el instante y lo efímero, en detrimento de la duración y del largo plazo, está poniendo a prueba la ley de la especie, e incluso está llegando a prometer su abandono[3].

Contra este viento de locura que parece haberse levantado, son necesarias mujeres con el coraje preciso para alzarse frente al dogmatismo blindado y el relativismo escéptico que envuelven hoy la maternidad, dispuestas a salvaguardar la condición humana e impedir que el mundo se ahogue en un océano de desamor.

Esta situación calificada por algunos de "apocalíptica" precisa de una esperanza por encima de toda nostalgia y toda utopía[4]. De hecho, como señala Marín, la esperanza no nace de una visión del mundo tranquilizadora y optimista. El entorno propio de la esperanza es al menos el de una relativa incertidumbre, el de la ausencia del bien completo y cumplido. Cabe tener esperanza si se es consciente de no vivir en el mejor mundo posible. De ahí que la esperanza corresponda a entornos en los que el bien que se quiere preservar está en peligro. Pero la esperanza requiere acción: es la no

---

[2] R. SCRUTON, *Sobre la naturaleza humana*, ed. Rialp, 2018, p. 25.

[3] A. NAOURI, *Padres permisivos, hijos tiranos*, Ediciones B, 2002, p. 227.

[4] F. HADJADJ, *La suerte de haber nacido en nuestro tiempo*, ed. Rialp, 2016, p. 31.

abandonada expectativa de lo mejor, de la preminencia de lo humanamente valioso y la lucha constante para que el fin sea el deseado. La esperanza no consiste en cerrar los ojos a la realidad, a menudo triste, sino en «negarle a lo nefasto y dominante el estatuto definitivo»[5]. En este sentido, Juan XXIII nos instaba a no ser «profetas de calamidades, anunciando siempre infaustos acontecimientos, como si el fin de los tiempos estuviese inminente»[6]. Porque, como decía Hölderlin, «donde acecha el peligro también crece lo salvador».

Es una tarea urgente, una obligación de la humanidad, maternizar la sociedad. Hemos perdido la veneración por la vida. Reflejo de ello son los absurdos partidarios del "antinatalismo", que consideran egoísta traer hijos a un mundo aterrador plagado de guerras e infortunios constantes, además de irresponsable por colaborar a un aumento demográfico capaz de destruir la Tierra[7]. Paradójicamente, el rescate de la biodiversidad lleva a la desaparición del único animal capaz de tener conciencia de la diversidad de las especies y de asumir el cuidado de una especie distinta de la suya[8].

---

[5] H. MARÍN, *El hombre y sus alrededores. Estudios de filosofía del hombre y de la cultura*, Ediciones Cristiandad, 2013, pp. 194 y ss.

[6] Solemne apertura del Concilio Vaticano II. Discurso de su Santidad Juan XXIII. Jueves 11 de octubre de 1962

[7] Vid. al respecto el libro de M. STEINER, *El antinatalista*, ed. Avant, 2021. Sobre el mismo tema, ver también, entre otros: I. LEANDRY VEGA, *Solo los desalmados y los necios tienen hijos: antinatalismo*, 2021 y S. Perry, *Every cradel is a grave: rethinking the ethics of birth and suicide*, Nine-Banded Books, 2014.

[8] Citado por F. HADJADJ, *¿Por qué dar la vida a un mortal? Y otras lecciones*, ed. Rialp, 2020, p.201.

Como decía Camus, la pregunta ya no es ¿por qué vivir? Sino ¿por qué dar la vida?[9]. No nos debería preocupar qué mundo vamos a dejar a nuestros hijos, sino qué hijos vamos a dejar en este mundo, y si estos van a tener la suficiente fortaleza, formación y valores para ser capaces de cambiarlo, de ofrecer lo mejor de sí mismos en beneficio de nuestro planeta y en la preservación de nuestra civilización. Porque es a ellos a quienes corresponderá realizar tal transformación.

Absolutamente en contra de los presagios y augurios de los antinatalistas, la realidad es que será precisamente la natalidad la que salvará al mundo. Esa vida humana indefensa que llega a la tierra, mezcla de necesidad y libertad, encierra en sí misma un enorme poder transformador y de esperanza.

El milagro que salvará al mundo es la natalidad: el nacimiento de hombres nuevos que pueden comenzar de cero. «Un destello escatológico ilumina todavía cada nacimiento, al que se vincula la esperanza de que algo totalmente otro romperá la cadena del eterno retorno (…) la esperanza de lo inesperado»[10].

Con cada nacimiento, el poder del pasado sobre el futuro se estrella contra esta expectativa indeterminada de lo nuevo[11]. Traer hijos al mundo es «el milagro de la generación como corte irreversible en el discurrir del tiempo, como transformación sin retorno de la faz del mundo»[12].

---

[9] Ibídem, p.105.

[10] H. ARENDT, *La condición del hombre moderno*, 1993, p. 278.

[11] J. HABERMAS, *El futuro de la naturaleza humana, ¿hacia una eugenesia liberal?*, Biblioteca del presente, 20, ed. Paidós, 2001, p. 83.

[12] M. RECALCATI, *Las manos de la madre: Deseo, fantasmas y herencia de lo materno*, ed. Anagrama, 2018, pp. 33 y 88.

El hijo siempre es un pequeño salvaje que surge del corazón del mundo civilizado. Nace en el tiempo, pero no es producto de ese tiempo, por eso abre un nuevo comienzo. El recién nacido no se inscribe en el progreso. Es el hombre primitivo que vuelve desde el alba de los tiempos[13]. El hombre es siempre una novedad inédita y será una singularidad para siempre irrepetible[14]. Debemos ser progenitores en el fin de los tiempos. Cuanto más apocalíptico se vuelve el mundo, más sentido alcanza el hecho de dar la vida a un mortal. Porque mi hijo no viene al mundo como un ser entre los demás, sino como «una renovación del mundo»[15]. Toda nueva criatura humana enriquece nuestro mundo y trae consigo la esperanza de su renovación. La reproducción humana, dado que integra a un tercero extraño y nuevo en la aventura, abre la vía al cambio, la innovación, ¡a la vida![16].

El milagro del nacimiento de un niño es como un jardín que florece en invierno, y frente al frío helado que destruye la vida, hace surgir, como por ensalmo, la primavera. Por eso, el jazmín de invierno es, como señala Han, la flor de la esperanza por excelencia. Incluso en la gélida estación engendra una vida que florece soberbia[17].

---

[13] F. HADJADJ, ¿Por qué dar la vida a un mortal? Y otras lecciones, ed. Rialp, 2020, p. 65.

[14] H. MARÍN, El hombre y sus alrededores. Estudios de filosofía del hombre y de la cultura, Ediciones Cristiandad, 2013.

[15] F. HADJADJ, ¿Por qué dar la vida a un mortal? Y otras lecciones, ed. Rialp, 2020, p. 73.

[16] A. NAOURI, Padres permisivos, hijos tiranos, Ediciones B, 2005, p. 224.

[17] B-CHUL HAN, Loa a la tierra. Un viaje al jardín, ed. Herder, 2022, pp. 44 y 60.

Qué trato demos a la vida humana desde antes del nacimiento afecta a nuestra autocomprensión moral y nuestras concepciones al respecto forman un entorno ético estabilizador para la moral racional de los sujetos de derechos humanos[18].

Este mundo precisa con urgencia de madres valientes que se dejen interpelar por los signos de los tiempos. Heroínas del siglo XXI, empeñadas en ir contracorriente; cueste lo que cueste, pase lo que pase, siempre firmes en el amor, sin esperar nada a cambio.

---

[18] J. HABERMAS, *El futuro de la naturaleza humana, ¿hacia una eugenesia liberal?,* Biblioteca del presente, 20, ed. Paidós, 2001, p.92.

AGRADECIMIENTOS

Este libro no podría haber sido escrito sin el apoyo brindado generosamente por la Fundación Ciudadanía y Valores. A sus miembros agradezco de corazón la confianza que siempre depositan en mí.

Para mi querida editorial, Rialp, mi más profundo agradecimiento, por su paciencia, por su apertura y por su respeto siempre delicado hacia mis escritos. Es un lujo y un placer haberos conocido y colaborar con vosotros.

A mi querida amiga, María Pagalday, madre en sentido espiritual de una multitud de personas que se benefician a diario de su comprensión sin límites ni prejuicios y de su corazón inmenso, le agradezco la lectura de este manuscrito antes de su publicación. Su opinión, desde su riquísima visión trascendente de la vida, ha sido fundamental para mí.

A mi familia, especialmente a Pablo, mi marido, mi roca, mi puerto, mi campamento base en todo momento.

Mi madre, acompañada por mi padre, embarazada del cuarto hijo
(aún faltaban otros cuatro por llegar).

Este libro, publicado por
Ediciones Rialp, S. A.,
Manuel Uribe 13-15, 28033 Madrid,
se terminó de imprimir en
Service Point, S. A. (Madrid),
el día 28 de noviembre de 2023.